SAIA DO CONTROLE

um diálogo terapêutico e libertador

entre a mente e a consciência

SAIA DO CONTROLE
Copyright © 2020 by Rossano Sobrinho
1ª Edição | Agosto 2020 | 1º milheiro

Dados Internacionais de Catalogação Pública (CIP)
SOBRINHO, Rossano
Saia do Controle - um diálogo terapêutico e libertador entre a mente e a consciência
Rossano Sobrinho
DUFAUX : Belo Horizonte / MG : 2020

264 pág. - 16 x 23 cm
ISBN: 978-65-87210-01-8

1.Espiritualidade   2. Autoconhecimento   3. Relações humanas
I.Título   II.SOBRINHO, Rossano
CDU — 133.9

Impresso no Brasil | Printed in Brazil | Presita en Brazilo

EDITORA DUFAUX
Rua Contria, 759 – Alto Barroca
Belo Horizonte – MG – Brasil
CEP: 30431-028
Telefone: (31) 3347-1531
comercial@editoradufaux.com.br
www.editoradufaux.com.br

Conforme novo acordo ortográfico da língua portuguesa ratificado em 2008.

Todos os direitos reservados à Editora Dufaux. É proibida a sua reprodução parcial ou total através de qualquer forma, meio ou processo eletrônico, digital, fotocópia, microfilme, internet, cd-rom, dvd, dentre outros, sem prévia e expressa autorização da editora, nos termos da Lei 9.610/98 que regulamenta os direitos de autor e conexos.

ROSSANO SOBRINHO

Trilogia
Consciência Desperta

SAIA DO CONTROLE

um diálogo terapêutico e libertador
entre a mente e a consciência

Dufaux
editora

*Dedico este livro
aos meus filhos, Ângelis e Pedro,
por serem o riso aberto da vida,
margeando meu caminho!*

"Sua mente é um instrumento destinado a servir-lhe e não a destruí-lo. Mude seus ensamentos e você mudará seu mundo."

NORMAN VICENT PEALE

Pastor, escritor e terapeuta espiritual norte-americano

A Deus, a Jesus e à Espiritualidade Amiga pela existência, pelo amparo em todos os momentos e pela inspiração diária no caminho do Bem!

Aos meus pais, Antônio e Avelina, pelas bênçãos do cuidado, do afeto e da simplicidade!

À minha esposa Cyntia Mendes pelo companheirismo e carinho essenciais que me alimentam a vida!

Aos meus filhos, Ângelis e Pedro, pelas alegrias que transbordam, pela comunhão que me emociona!

A Milaime Moreira pela dedicação constante às diversas atividades do *Instituto Rossano Sobrinho*!

Ao meu querido irmão Rossélio pela parceria fraterna de sempre no ideal iluminativo do Cristo!

Aos queridos editores Maria José da Costa e Ednei Procópio e demais colaboradores da *Editora Dufaux* pelos cuidados especiais na publicação deste trabalho!

Aos amigos e irmãos da *Sociedade Espírita Paz, Amor e Caridade* de Espera Feliz – MG, pelas partilhas sempre enriquecedoras!

Prefácio, 15

Apresentação, 21

Introdução: Alforria mental, 25

Parte Um: MENTE
1. Um diálogo inusitado!, 29
2. Outros "eus" - pensamentos e emoções, 32
3. A mente é apenas o síndico, 35
4. A ilusão da persona, 38
5. O turbilhão mental nos separa da Consciência Divina, 41
6. Médium de outras consciências, 46
7. Mente condicionada, 49
8. Saia do controle!, 52
9. O alienista de Machado, 59
10. O poder da respiração, 64
11. A consciência por detrás dos pensamentos, 70
12. Circuito mental negativo (CMN), 71
13. A mente é virtual, 73
14. Tudo é paisagem, 76
15. Identificação mental com a morte, 83
16. O gravíssimo problema da impulsividade, 86
17. Overdose de informações, 90
18. Transmutando o energismo do inconsciente, 95

Parte Dois: SAÚDE

1. Conceito profundo de doença, 99
2. Conceito profundo de saúde, 102
3. Amar somente a Deus?, 107
4. Chacras e saúde, 112
5. Saúde e autoestima, 116
6. O perigo dos falatórios, 120
7. A vida espiritual verdadeira, 123
8. Cura profunda, 128
9. Médico de almas, 131
10. Uma medicina materialista, 136
11. A grande mudança, 139
12. Degraus do adoecimento emocional, 142
13. O jovem ateu que não queria mais viver, 151
14. Prazer, drogas e cuidados com o corpo, 155
15. Depressão e consciência, 162
16. O grave problema da obsessão espiritual, 169
17. Roteiro para a saúde integral, 175

Parte Três: RELACIONAMENTOS

1. Uma proposta desafiadora, 181
2. Façamos a nossa parte, 184
3. A alma do mundo, 185
4. Percebendo a nossa sombra, 188
5. Comunicação e leitura, 190
6. Estrague seu relacionamento com o celular, 194
7. Vencendo a solidão, 197
8. Sem boa conversa não há relacionamento feliz, 199
9. O importante papel do namoro, 202
10. Dicas para o diálogo do casal, 204
11. A influência dos pais na vida conjugal dos filhos, 209
12. As dimensões do amor, 212

Parte Quatro: MEDITAÇÃO

1. Estresse patológico, 219
2. Conhecendo os ritmos cerebrais, 224
3. Benefícios da meditação, 229
4. Espiritismo, Jesus e a meditação, 233
5. Sócrates e Buda – dois meditadores, 237
6. Como meditar, 239
7. Vencendo o medo com a meditação, 243

Palavras finais?, 251

Rossano Sobrinho é escritor e educador. Antes de compor as linhas de *Saia do controle*, já tinha escrito obras como *Mente limpa, Liberte-se da sua mente, O poder de cura da energia sexual, Fé e razão - descobrindo o sentido da vida, Renovando corações*, entre tantas outras que compõem sua bibliografia. Portanto, o autor não é um iniciante nos temas que se referem à mente e à vida humana.

Importante afirmar também que, enquanto terapeuta, Rossano Sobrinho teve a oportunidade de observar dentro das clínicas a parte prática de suas visões teóricas. E eu poderia aqui traçar uma linha extensa de sua formação e experiência como terapeuta, para afirmar que ele tem gabarito para escrever o livro *Saia do controle*. Mas não vou falar mais desse conteúdo nem de seu autor "porque cada árvore se conhece pelo seu próprio fruto"[1].

Tive o prazer de ler e reler esse livro, em um período bem peculiar de minha vida. Assim como milhares de pessoas em todo o orbe terrestre, eu estava em isolamento por causa da pandemia que afligia nossas vidas e que me obrigava a observar tudo àquilo que havia de bom, mas também de ruim, dentro de mim.

Saia do controle me levou por um interessante diálogo entre a mente e a consciência. O autor afirma que a mente é a instância limitada da personalidade individual de cada um de nós; enquanto a consciência é o eu profundo ou o ser essencial. Nesse sentido, ela desvenda o complexo universo interior da criatura humana por meio do autoconhecimento.

Essa obra se concentra em temas como mente e consciência; saúde física e espiritual; relacionamentos amorosos e familiares;

---
1 Lucas 6:44.

religião e espiritualidade; e ainda finaliza com técnicas importantes para melhorar nossa concentração e autocontrole.

Neste livro, Rossano conduz o leitor à essência de si mesmo. A leitura deste conteúdo é uma oportunidade única de acesso à paz interior e à alegria de viver que, para o autor, seriam as manifestações naturais do ser essencial.

O texto é carregado de referências literárias e filosóficas inspiradoras. Citações do Evangelho do Cristo preenchem as páginas não com palavras ou frases soltas e sem conexão com a realidade de nosso dia a dia, mas repletas de verdades incontestáveis como essa:

> *"Somente é livre aquele que está no comando de seus próprios pensamentos, aquele que se liberta da própria mente."*

O que mais impressiona no texto do autor é a ligação das coisas teóricas, como as citações de pesquisas e estudos comprobatórios, com as coisas práticas. O autor nos alerta que "todo indivíduo tem uma voz que não para de falar dentro da própria cabeça.". E que devemos "começar a observar essa voz.". Devemos começar a observar as histórias que essa voz repete sem cessar dentro de nós. "Mas é importante apenas observar, inicialmente, não julgar, não debater, não questionar.".

A ideia é a de que sejamos, no início, apenas um observador. E mentes inquietas como a minha achariam impossível essa prática. Mas, no desenrolar da leitura, Rossano nos encoraja a perceber que nós não somos aquela voz que fala sem cessar em nossas mentes. Ele afirma que "você é o eu observador. E quando essa voz silenciar, seu eu profundo se manifestará. Uma nova voz será ouvida, mas já não será a presença dos pensamentos repetitivos, condicionados; será a divina presença, a voz da consciência profunda.".

Confesso que, durante a leitura, eu me questionava: como ouvir e sentir a voz da consciência profunda que o autor afirma existir? Se nós estamos, diariamente, segundo até ele próprio, sendo bombardeados por tantos estímulos e por interferências externas gritantes das mídias sociais e das atribulações da vida diária?

Felizmente, a obra não é incompreensível. Há ensinamentos acessíveis para qualquer um de nós. E o segredo para observar os pensamentos da mente está em uma técnica de meditação que o autor nos ensina a praticar sem precisar de nenhuma ferramenta externa. Segundo ele, "a mente é um rio que passa. Meditar é sentar-se na margem do rio e observar, no fluxo das suas águas, os pensamentos. Sem meditar, o indivíduo está afogando nas águas turvas do rio da mente. Meditar é tornar-se o observador ou a testemunha desse rio caudaloso.".

Gostei muito das ideias do autor porque elas me pareceram óbvias, práticas, verdadeiras. Sinto-me feliz por ter a oportunidade de ler este livro porque ele me foi útil nesse início da Transição Planetária e eu espero que seja também útil para os leitores. É gratificante para nós, que trabalhamos com livros, observar por meio dos ensinamentos deste livro de Rossano, que somos almas que pensam, mas que nossos pensamentos não estão livres de nossos próprios julgamentos, falso moralismo e preconceitos. Além do mais, somos espíritos livres, podemos usar de nosso livre-arbítrio, e podemos tomar as boas decisões da vida se aprendermos a nos libertar dos pensamentos que nos aprisionam à mente.

Sinto que é possível levar à prática do dia a dia as teorias do autor de que "perceber os próprios pensamentos é contatar uma realidade profunda, subjacente aos pensamentos rotineiros.". Também concordo que "ao se conectar com a dimensão mais profunda do ser, os pensamentos passam a perder força e se submetem à regência da consciência.".

Em *Saia do controle* Rossano Sobrinho nos convida a ir além de nossos pensamentos, a observá-los para que possamos nos libertar daquilo que nos aprisiona: a mente. Sugiro ao leitor, assim como eu fiz, que a leiam com calma. Saboreie todos os diálogos que permeiam o livro e, muito logo, você terá acesso à sua própria consciência.

Como defende a obra, e eu concordo com isso, você já não estará mais sob o controle da sua mente, das circunstâncias, dos problemas, das dificuldades, das opiniões e das pessoas. Enfim, você não estará mais sob o controle do mundo.

Obrigado, Rossano, pelos ensinamentos. E gratidão à Espiritualidade Maior por me dar a oportunidade de ter acesso a eles.

EDNEI PROCÓPIO
Editor

A primeira vez que eu ouvi falar sobre o fato da minha mente me controlar foi em 2011, numa terapia. A princípio, tive muita dificuldade de entender o que isso seria.

Como assim? Quem me controla sou eu!

Mas à medida que fui entendendo, a situação ficou mais grave.

Não bastasse essa descoberta terrível (mas na verdade boa), veio a parte mais difícil: sair do controle de quem eu achava que era: meus pensamentos, emoções, lembranças, sonhos e tudo mais. Eu me achava perfeitamente identificada com tudo que pensava e sentia.

Como eu poderia imaginar que era a minha mente que estava me enchendo de pensamentos com relação ao passado e ao futuro?

Ficava ali, em "circuito fechado", cultivando as boas lembranças do passado e com medo de que elas não acontecessem mais. Olhava "para trás" e via os sofrimentos vividos com medo de que eles voltassem a acontecer.

De tanto olhar para o passado e para o futuro, nem me dava conta do que acontecia comigo: perdia o momento presente, o agora.

Eu não entendia por que não dava conta nem de nomear meus sentimentos, não sabia de onde vinha minha insônia, a ansiedade que chegava de assalto, a angústia constante e a depressão de longo curso.

Eu pensava: Poxa! Eu creio em Deus, vivo com ética, busco ser uma pessoa do bem, o que falta?

Estava longe de me entender e saber quem eu realmente era.

Realidade inquestionável, mas mutável. Precisava tomar posse da minha unidade.

Investi no meu autoconhecimento, na observação dos processos mentais, vivi meus medos em terapia até que eles virassem poeira e por aí afora. Não foi fácil, mas valeu a pena. Estava dada a largada para o meu autoencontro, que deverá levar muitas vidas. Mas está tudo melhor agora.

Percebo que o trabalho numa editora com foco em autoconhecimento e espiritualidade, que as pessoas que passaram e ainda estão na minha vida foram a mão de Deus no meu caminho.

Mas eu nunca desisti.

Só agora entendo os movimentos que a Vida teve que fazer para me colocar aqui.

E agradeço!

Esse livro é mais uma gota de luz a expandir a minha consciência rumo ao crescimento e integração plena com o Fluxo que rege o universo.

Eu recomendo.

MARIA JOSÉ DA COSTA

ALFORRIA MENTAL

"Há em toda alma humana dois centros, ou melhor, duas esferas de ação e expressão, uma delas, circunscrita à outra, manifesta a personalidade, o 'eu', com suas paixões, suas fraquezas, sua mobilidade, sua insuficiência... A outra, interna, profunda, imutável, é, ao mesmo tempo, a sede da consciência, a fonte da vida espiritual, o templo de Deus em nós."

O problema do ser, do destino e da dor.

LÉON DENIS

Talvez o grande sonho da humanidade terrestre seja o da conquista da verdadeira liberdade. Nada como ser livre, poder pensar, sentir, falar, sonhar, se relacionar e construir um caminho de felicidade e de paz.

No entanto, mesmo com a ausência de algemas e grades físicas, a criatura humana ainda se vê encarcerada por pensamentos, emoções em desalinho, crenças negativas, ideias pessimistas. Caminha sobre a Terra sendo controlada por fixações mentais tenebrosas, monoideias deprimentes, obsessões espirituais infelizes.

Este livro apresenta um roteiro para o autoconhecimento, caminho imprescindível para a conquista da liberdade real.

Estudaremos juntos, à luz de uma psicologia profunda, temas como: *ansiedade, estresse patológico, medos, depressão, obsess*ão espiritual, *relacionamentos, comunicação, drogas, chacras, meditação* entre outros assuntos tão importantes quanto.

Trata-se de um trabalho que foi escrito para você, prezado leitor, amiga leitora, que busca dias melhores por meio de uma conscienciosa renovação interior. Nenhum elemento externo pode controlar o universo interior dos seres em processo de despertamento. Ao renovar suas paisagens mentais e, consequentemente, sua conduta moral, o indivíduo construirá um universo de relações muito mais pleno e prazeroso.

O processo de autoconhecimento, em bases espirituais, oferece às criaturas humanas uma verdadeira carta de alforria mental, a fim de que os indivíduos saiam do controle dos pensamentos e das emoções em desalinho.

Em um Mundo de Regeneração o indivíduo não mais será controlado por forças negativas do ego ancestral ou do astral inferior; será livre das amarras e prisões internas como o egoísmo e o medo, o orgulho e a ansiedade; e das influências espirituais obsessivas que, durante tanto tempo, o impediram de desfrutar plenamente das alegrias do espírito livre, no pleno exercício de sua autonomia ético-moral.

Este livro traz à luz um diálogo entre a mente e a consciência. A mente aqui se apresenta apenas como uma instância menor da personalidade, e a consciência como o epicentro da realidade total do ser. O objetivo dessa estrutura de diálogos é conduzir o leitor a um despertar de que temos uma mente, mas não somos a nossa mente.

Temos pensamentos e emoções, porém devemos estar além dos fenômenos psíquicos e das reações neuroquímicas deles provenientes – as emoções. Devemos assumir o comando da nossa mente, gerenciar o complexo composto da personalidade humana na condição de espírito imortal que somos.

Nessa obra o conceito de consciência se iguala ao do espírito ou a do ser essencial. A evolução é muito mais um processo de despertar da potencialidade divina já presente em cada criatura em caráter germinal.

Rogamos a Deus, em nome de Jesus e da Espiritualidade Amiga, que este trabalho alcance e ajude muitos corações e auxilie muitas consciências que trilham com empenho e esperança o caminho da necessária autoiluminação.

Votos de paz!

ROSSANO SOBRINHO

1. UM DIÁLOGO INUSITADO

— Boa noite!

— *Quem está aí?*

— Não se preocupe, sou gente de casa!

— *Quem é você? Quem está falando comigo? Como você entrou aqui?*

— Calma! Não precisa se desesperar... Sempre falo com você, porém, hoje, você está me ouvindo melhor, mais claramente.

— *Onde você está? Apareça!*

— Não há como eu aparecer.... Sou invisível aos olhos.

— *Você é um espírito? Como entrou aqui?* Já ouvi espíritos outras vezes, mas não dessa forma.

— Não sou como você está pensando.

— *Qual o seu nome?*

— Você é muito apressado! Tenho muitos nomes... Chamam-me de várias formas: espírito, *Self*, eu profundo, Cristo interno, centelha divina, ser essencial, eu interior... Você pode escolher... Um dos nomes mais curiosos, talvez o mais antigo que já me deram, foi semente do ouro, de origem sânscrita. Mas se quiser pode me chamar simplesmente de *consciência*. Acho melhor, mais simples. E a simplicidade, como definiu Exupéry[2], autor de O Pequeno Príncipe, é o último degrau da sabedoria.

— *Consciência?*

---

2 O autor se refere a frase "O Essencial é invisível aos olhos" presente na obra *O Pequeno Príncipe*, Antoine de Saint-Exupéry.

— Sim.

— *Onde você está? Estou ouvindo nitidamente a sua voz.*

— Me encontro escondido atrás de seus próprios pensamentos. Bastou você descansar um pouco, parar com aquela ladainha mental, que conseguiu me ouvir.

— *Eu estava apenas cochilando aqui no sofá, pois meu dia foi muito cansativo! Cheguei há pouco do consultório...*

— Eu sei. Quando, finalmente, sua mente tagarela conseguiu se aquietar um pouco, pude falar com você mais diretamente.

— *Você disse que é a minha consciência?*

— Na verdade, não sou a "sua consciência", sou a consciência. É que você não pode possuir sua consciência porque você já é a mente. Sou seu eu mais profundo, mais íntimo, quase sempre composto por outros eus...

Mas, para facilitar nossa conversa, podemos, muitas vezes, dizer que sou sua consciência. Isso vai descomplicar nossa relação. Nosso diálogo.

— *Outros eus?*

— Vamos com calma! Em nosso diálogo muitas vezes estes eus aos quais eu me refiro poderão aparecer. Vai depender de você, de sua vigilância.

— *Nosso diálogo?...*

— Sim. Estamos iniciando um diálogo que ajudará a se autoconhecer e a se libertar.

— *Como assim?*

— Vamos escrever um livro. Eu e você. Como sempre! Algumas ajudas espirituais ou extrafísicas também poderão ocorrer se você permitir e fizer por onde.

— *Mais um livro?*

— Sim, mais um livro. Não quer?

— *Claro que quero, só não esperava começar agora. Mas me diga, de verdade, você é ou não uma entidade espiritual?*

É o meu mentor que está falando comigo?

— Não, por enquanto não. Seu mentor sabe que estamos conversando. Porém sou eu mesma que estou falando. Como você preferiu – sua consciência! Claro que, ao longo de nossa conversa, podemos receber ajuda, sim, dele e de outras consciências mais esclarecidas. Tudo dependerá de sua sintonia, de sua pacificação mental e de sua colaboração.

2. OUTROS "EUS" – PENSAMENTOS E EMOÇÕES

— *Você falou de outros eus que habitam em mim. São entidades espirituais que também podem se manifestar? Estou sofrendo de alguma obsessão espiritual?*

— Não, não. Acalme novamente essa cabeça senão vou parar de falar com você. Estava me referindo a determinadas forças energéticas que habitam a casa mental.

— *Está bem. Chamaremos de eus. Mas que eus são esses?*

— Principalmente os pensamentos e as emoções. São antigos habitantes dominadores da sua mente. Além das subpersonalidades vividas em outras vidas, lembranças de outras experiências reencarnatórias.

— *Se habitam a minha mente, esses eus também sou eu!*

— Não necessariamente. É que nem mesmo sua mente é você. Muito menos os eus que habitam nela.

A mente é uma ferramenta *ultrassensível* que eu – a consciência – utilizo para me manifestar no mundo. Sou a sua fonte geradora, mas não sou você.

— *Você está querendo me enlouquecer...*

— Não. Eu vou libertar você!

— *Sempre pensei que o ser fosse os meus próprios pensamentos...*

— Não, não é. Inclusive, você pode até gerar pensamentos e emoções e caso queira, pode se limpar.

Sem falar dos pensamentos intrusos de origem extrafísica que muitas vezes invadem sua casa mental. Vivemos sempre conectados a muitas outras mentes, de seres encarnados e desencarnados, almas e espíritos. E é natural que essas mentes nos influenciem também. Mas quem escolhe a quais mentes se manterá conectado é cada indivíduo. Portanto, a responsabilidade é individual.

— *Como pode me provar o que está afirmando? Que eu não sou quem afirmo ser?*

— Você consegue observar os pensamentos que surgem? Você consegue observar o primeiro pensamento que vai surgir agora?

— *Sim, se eu treinar, eu consigo. O pensamento que surgiu agora é que estou realmente ficando louca.*

— Isso é artimanha mental. Um jogo sujo do eu ilusório. Eu posso observar tudo. Sou sempre o eu observador. Você é sempre o objeto observado.

E não se preocupe, se você está percebendo o pensamento que diz que você está ficando louca, você não ficará. Os loucos são aqueles que estão totalmente identificados com os pensamentos que possuem. Acreditam neles, são dominados por eles, acreditam ser os próprios pensamentos.

— *Misericórdia!*

— O que foi?

— *Muito complexo!*

— Nem tanto. Complexo é viver dominado por pensamentos e emoções. É preciso viver além dos pensamentos!

— *Praticamente todo mundo acredita que é a própria mente.*

— Sim. A maior parte da humanidade pensa assim, mas é um equívoco. Na verdade, é a maior ilusão da espécie humana. Trata-se de uma profunda identificação da consciência com a mente, o que dá origem a muitos problemas e sofrimentos.

— *Quando se reflete sobre a diferença entre a consciência e a mente que é só uma ferramenta, fica tudo muito confuso.*

— É natural. No início é assim mesmo, mas logo passa. Refletir sobre isso significa retirar o poder que, até então, a mente exercia sobre o ser. E isso pode ser um pouco doloroso porque se trata de uma espécie de cirurgia espiritual que podemos chamar de *desidentificação*.

— *Percebo que sua voz é diferente das outras tantas vozes que falam na minha cabeça durante o dia todo... É mais tranquila e objetiva.*

— As outras vozes são as vozes mentais, da sua mente ou até da mente de outras pessoas. Normalmente são elas que dominam as criaturas humanas.

— *Dominam, como assim?*

— As criaturas humanas, em vez de usarem o pensamento em seu favor, se deixam possuir por ele.

3. A MENTE É APENAS O SÍNDICO

— *Por que isso acontece?*

— É um processo natural dentro da evolução. A mente precisa primeiro ganhar força para existir. Depois, precisa ser o canal da consciência. Para a mente, porém, não é fácil deixar de ser o dono do prédio da personalidade para ser o síndico.

— *Síndico?*

— Sim. Até então, no atual estágio evolutivo da humanidade, a mente – pensamentos e emoções – dominou a criatura humana, mas agora, estamos iniciando uma era nova para a humanidade, a Era da Consciência, também chamada de Mundo de Regeneração. Neste novo ciclo evolutivo, as criaturas humanas não viverão dominadas por seus pensamentos e emoções, mas assumirão o comando deles e, consequentemente, de si mesmas.

— *Deixa eu ver se entendi. Eu, a mente, achava que dominava a criatura humana, mas sou apenas a funcionária de uma instância mais profunda que é a consciência.*

— Exatamente. Você está despertando!

E, na verdade, você nunca foi a dona verdadeira de nenhuma personalidade. Você apenas achava que fosse. A dona real de nossa personalidade é a consciência, o eu profundo. E nada pode evitar que, mais cedo ou mais tarde, a consciência assuma esse comando. Essa é a vontade de Deus, ou seja, da Consciência Divina!

— *Acho que estou começando a entender. Me veio uma questão agora.*

— Pode falar.

— *Se Deus é a Grande Consciência do Universo, o Universo pode ser a sua mente?*

— Sim, pode sim.

— *Fantástico!*

— Se é fantástico é coisa minha, da consciência, não da mente. (risos). Isso não é vaidade, é apenas constatação. Jesus aceitou tranquilamente o título de Mestre porque Ele realmente o é. A consciência é o mestre interior de cada ser.

— *Todos os seres humanos têm em si um mestre?*

— Sim, claro. Está apenas dormindo. Jesus também não disse "*Sois deuses*"?[3]

— *Verdade. O que é exatamente Jesus? É possível dizer alguma coisa?*

— Apesar de nossas limitações mentais, podemos tentar. Jesus é uma Consciência Pura, ou seja, tem a consciência plenamente desperta. Mesmo a matéria não conseguiu abafar ou limitar sua realidade espiritual. Trata-se, como já foi dito a Allan Kardec[4] e algo que você já leu, do Ser mais perfeito apresentado à humanidade terrestre como Modelo e Guia.

— *Assim como Deus é a Consciência do Universo, o Cristo pode ser a consciência do planeta Terra?*

---

3 João 10:34.

4 *O Livro dos Espíritos*, questão 625, Allan Kardec.

— Você está ficando boa nisso! (risos)

— *Voltando ao fio-condutor de nossa prosa...*

— Gostei disso!

— *De quê?*

— Da beleza de sua construção literária. Fio-condutor de nossa prosa. Linguagem é tudo. Bons pensamentos precisam de roupagens adequadas. Gosto da forma como você veste seus pensamentos.

— *Não sabia que a consciência é também debochada!*

— Não é deboche, o elogio é sincero. O bom-humor também provém da consciência!

— *Sério?*

— Sim. Humor também é coisa séria. Ele pode nos salvar de muitas tragédias emocionais. Segundo as falas do humorista Jô Soares, que você gosta bastante, "o humor é um estado superior da inteligência".

Estou falando de humor, não de frivolidade. A frivolidade é perturbação!

4. A ILUSÃO DA PERSONA

— *Mas voltando à nossa conversa, você disse que há pessoas muito identificadas com os próprios pensamentos. Como isso acontece?*

— Na verdade. há muita ilusão das pessoas sobre si mesmas.

— *Como assim? Isso ocorre como?*

— Tudo começa quando se renasce no plano físico da Terra. Ao reencarnar, o indivíduo começa a construir sua nova e temporária personalidade. Esse processo é uma ilusão mental. O indivíduo começa a se identificar como filho de fulano, neto de beltrano, homem, mulher, branco, preto, baixo, alto. Recebe um nome, um sobrenome, um CPF e passa a acreditar que é tudo isso. Mas, em realidade, não é!

— *Mas o que tem isso a ver com os pensamentos e a mente?*

— A partir de uma ilusão sobre sua personalidade, o indivíduo começa a construir seu ego e suas relações familiares e sociais, perdendo contado com seu ser profundo, sua realidade essencial. Essa persona ilusória passa a ser o ponto de apoio de todas as suas interpretações da realidade, de seus relacionamentos e, principalmente, de seus pensamentos. E podemos afirmar que quase a totalidade dos sofrimentos humanos tem origem nesse falso eu, que chamamos de ego.

Quase tudo aquilo que o indivíduo afirma sobre si mesmo, no dia a dia, em profundidade, não condiz com sua realidade essencial. Trata-se de uma persona provisória.

Nesse processo, a criatura humana vai se identificando com uma nacionalidade, uma religião, uma profissão, o corpo, o gênero, a raça, etc. Apegando-se mais e mais a esses papéis provisórios como o de mãe, pai, filho, marido, esposa.

E o ser passa a se autoidentificar com toda uma realidade mental alimentada por sua história de vida.

— *Ainda me parece muito complicado tudo isso... Estou quase desistindo de escrever este livro.*

— Isso é a realidade, não se afaste dela. Saúde mental tem tudo a ver com nossa conexão com a realidade. Posso continuar ou você cansou de saber sobre sua falsa posição na vida do ser?

— *Você ainda consegue fazer humor? Estou quase deixando de existir depois de ouvir tudo isso e você está, novamente, rindo de mim. Pode continuar, mas, antes, me diga só uma coisa: compreender tudo isso que você está me explicando pode me levar à morte? Posso estar escrevendo algo que vai me matar?*

— Quando começa o despertar da consciência, de fato, ocorre a morte do falso eu. Mas é uma morte necessária para que o ser, em essência, assuma o comando da sua vida. Na verdade, o ego prosseguirá existindo, mas sob o comando do eu real, mais profundo. Então, não é morte, é libertação!

— *Esse eu real é o próprio espírito imortal?*

— Sim. A essência eterna de cada indivíduo, que vai paulatinamente se ampliando, ou despertando, a partir das múltiplas experiências vivenciadas na Terra ou nos planos espirituais. Quanto mais o ser evolui, menos ele se identificará com a mente e seus pensamentos e emoções, tornando-se um ser de fato livre, em comunhão mais ostensiva com as dimensões sublimes da vida.

Ele reencarna, assume os papéis necessários para o seu progresso espiritual durante uma vida, mas não se apega aos papéis. Vivencia todos eles, mas já se percebe como espírito imortal, filho de Deus e herdeiro do universo.

— *Isso quer dizer que um ser realmente livre consegue perceber o conteúdo de sua mente sem se identificar com ele?*

— Ele deixa de ser o conteúdo que a mente carrega para ser o que realmente é: a consciência que o observa lá do fundo. Isso traz autocontrole, automotivação, serenidade, leveza, paz e profunda satisfação.

Quando o indivíduo consegue deixar de se identificar com os seus pensamentos e emoções – histórias que sobrecarregam seu campo mental –, ele sente uma alegria e uma paz interior profunda. Muitas vezes isso acontece sem que ele perceba exatamente como está acontecendo.

— *Muitas vezes, quando viajamos para regiões novas, a passeio, parece que também sentimos certa alegria ou leveza diferente. Algo em nós se pacifica, descansa. Isso tem a ver com a diminuição da quantidade de pensamentos que alimentamos, condicionados pelo cotidiano no trabalho, no ambiente familiar e no social?*

— Sem dúvida. Vivemos o tempo todo estimulados psiquicamente por pessoas, situações, ambientes e pela realidade espiritual. Quando viajamos para lugares agradáveis e bonitos, deixamos de ter alguns pensamentos condicionados.

5. O TURBILHÃO MENTAL NOS SEPARA DA CONSCIÊNCIA DIVINA

— *Nos tempos atuais, as criaturas humanas estão entulhadas de muitas e muitas informações, pressões, compromissos. Isso tem gerado um aumento substancial de tensões, estresses e até depressões, não é verdade?*

— Sem dúvida. Quando as religiões asseveram que quando os homens estão distanciados de Deus se perdem espiritualmente, elas estão falando de uma realidade muito mais profunda do que parece.

Você permite me alongar um pouco mais nesta resposta?

— *Claro! Afinal quem manda aqui é você... (risos)*

— Gostei do seu bom humor!

— *Estou aprendendo com você. Mas antes só mais uma pergunta, uma curiosidade que brotou aqui da minha consciência.*

— De mim?

— *Você é muito engraçadinha...*

Engraçadinha? Será que você é mais feminina do que masculina? Perdão, sei que isso é coisa da minha mente, ou seja, de mim mesma!

— Desculpa. Não resisti. Pode perguntar, mas não percamos o fio condutor da ideia anterior. Viu como aprendi a falar bonito? Fio condutor.

— *Acho que você acaba de responder a pergunta que eu pretendia fazer. Mas vou formatá-la mesmo assim. Podemos dizer que a nossa conversa se trata de um diálogo entre a mente – o eu superficial – e a consciência – o eu mais profundo?*

— O que você acha?

— *Acho que sim!*

— É sim. Mas não se esqueça de que podemos ter a ajuda de outras consciências, os espíritos amigos, por exemplo.

— *Que interessante! Eu sou o síndico e você o dono do prédio. Mas se eu quiser parar de escrever este livro agora eu paro. E aí, o que você me diz?*

— Quando o síndico deseja ser o dono do prédio é que tudo se complica!

— *Então, não existe livre-arbítrio?*

— Os seres que vivem em profunda comunhão com a própria consciência, só fazem o que está em sintonia com a lei divina que, conforme esclareceu o Espírito Verdade a Allan Kardec[5], está escrita na própria consciência.

Lembre-se de Jesus: "[...] Pai, se queres, passa de mim este cálice; todavia não se faça a minha vontade, mas a tua."[6].

Jesus já não fazia a vontade de Sua mente, de Seu ego, pois já era uma consciência desperta, ou seja, um Cristo. Já vivia uma plena conexão ego-Self.

— *Conexão ego-Self?*

— Sim, quando o ego passa a ser regido pela consciência profunda. Posso voltar à questão anterior?

---

5 *O livro dos espíritos*, questão 621, Allan Kardec.

6 Lucas 22:42.

— *Claro! Mas era sobre o que mesmo? Às vezes me perco em meio a tantas ideias e questões que vão surgindo aos borbotões. Espero que o leitor não se perca como eu. Ah lembrei! Você ia desdobrar o tema sobre o nosso distanciamento de Deus.*

— Exato. Quando a criatura humana está mergulhada no rio caudaloso dos próprios pensamentos, ela perde a conexão com o seu próprio ser, com o Deus imanente nela. Isso a separa, não apenas da comunhão com a própria consciência, mas com o divino ou sagrado, presente também em todo o universo. Por isso religião significa religar, voltar a ligar a criatura ao Criador, que também está na intimidade do ser.

A incapacidade de sentir essa conexão com o divino, de sentir a Divindade presente em todas as coisas, traz a sensação da separação, da solidão. Mas em profundidade, realmente seremos todos um com Deus.

— *Perfeito! Isso pode ser a origem de tanta insatisfação nas pessoas?*

— Sem dúvida. O processo gradativo de distanciamento entre a criatura e o Criador – o espírito e a consciência – seria o seguinte:

- Excesso de informações, preocupações, atividades e tensões.
- Aceleração mental.
- Estresse crônico.
- Insatisfação.
- Ansiedade. Quando transcende os parâmetros normais, é a plataforma mental sobre a qual se erguem

todos os outros transtornos do ser: fobias, depressões, insônia, pânico, obsessões (mentais e espirituais), etc.

— *Impressionante!*

Voltando à essência da questão. Muitas vezes quando falamos de Deus, possivelmente não estamos falando realmente Dele, podemos estar falando apenas de conceitos mentais que desenvolvemos com base em informações.

— Realmente. A criatura humana carrega muitos conceitos, mas sua conexão com o divino ainda é limitada. Basta observarmos o que muitas religiões já realizaram na Terra. Várias das guerras no mundo têm origem religiosa, ou seja, ocorrem por conta de conceitos que nos separam. Os religiosos se equivocaram tanto que começaram a criar conceitos e pronunciar frases do tipo: "*o meu Deus é o Deus real*", "*minha religião é a verdadeira*", "*o seu deus é falso*", entre outros absurdos.

Quando todos descobrirem que somos águas de uma mesma Fonte, todo conflito cessará e nos perceberemos, de fato, como irmãos, assim como ensinou Jesus. Os seres humanos têm mais facilidade para chamar Deus de Pai do que o próximo de irmão. Não se impressione, mas na verdade, os humanos trancaram Deus e seus Mensageiros no Céu para assumirem o total comando da Terra.

Para muita gente Jesus é maravilhoso, principalmente se estiver quietinho lá no Céu. Aqui na Terra Ele gerou muito desconforto e, por isso, o crucificaram.

Os homens adoram religião, mas religiosidade e espiritualidade ainda incomodam bastante. Adoram ser mansos, pacíficos e tolerantes dentro dos templos de pedra, onde acreditam estar Deus, mas no mundo, o papo é outro.

— *Agora você bateu pesado!*

— Está com medo de ser minha médium?

— *Sua médium!? Mas você me disse que não era uma entidade espiritual, mas minha própria consciência!*

— Sim. A mente, quando harmonizada, passa também a ser uma poderosa médium da consciência profunda. Assim como o corpo também é médium entre o espírito e a vida de relações. Um corpo que não recebe de seu proprietário os devidos cuidados, não consegue ser um médium eficiente. Por isso, O evangelho segundo o espiritismo recomenda "*cuidar do corpo e do espírito.*"[7]

---

[7] *O evangelho segundo o espiritismo* - Cap 17 - item 11 - Allan Kardec.

6. MÉDIUM DE OUTRAS CONSCIÊNCIAS

—*Sou médium da consciência. Perfeito!*

— Isso significa que uma mente harmonizada consegue canalizar melhor os valores que emanam do eu profundo. Já uma mente em desalinho não consegue ouvir a voz que vem da consciência.

— *Assim como a mente pode ser médium da consciência profunda, também pode canalizar outras consciências?*

— Sem dúvida. Não é o que denominamos de mediunidade? Outras consciências, extrafísicas, utilizando-se da mente para se expressar no plano físico? Importante compreender que a mente pode canalizar outras consciências ou outras mentes.

— *Qual a diferença?*

— Na Terra, há faixas psíquicas mais densas e faixas mais sutis. Podemos afirmar que as faixas densas são compostas por pensamentos em desalinho, derivados de mentes turbilhonadas, agitadas, hipercinéticas. Quando o médium sintoniza com faixas mais pesadas – denominadas pelo escritor e espiritualista italiano Pietro Ubaldi de ondas barônticas[8] –, ele está sendo médium apenas de mentes menos evoluídas, sejam encarnadas ou desencarnadas.

— Você tem muito conhecimento literário?

---

8 *O fenômeno*, Pietro Ubaldi.

— Fui alimentado por suas próprias leituras, não se lembra?

Mas há as ondas sutis, mais sublimadas – classificadas por Ubaldi como noúricas – nascidas de consciências mais evoluídas, com quem o médium pode sintonizar se realizar sua renovação moral, sua pacificação mental.

— *Enquanto a criatura humana não trabalhar interiormente sua renovação...*

— Prosseguirá médium consciente ou inconsciente de forças espirituais equivocadas.

— *O que seria de fato o desenvolvimento mediúnico?*

— Seria o aprimoramento intelectual e, sobretudo, moral do médium para que ofereça uma sintonia elevada a fim de ser porta-voz da espiritualidade esclarecida.

— *Qual seria a melhor definição para mediunidade, portanto?*

— Sintonia.

— *Seria um erro dizer que a mediunidade de incorporação e a psicográfica nem sempre são as que apresentam os melhores resultados, do ponto de vista moral?*

— Não. Há pessoas que são médiuns de consciências avançadas e não se dão conta disso por causa da sutileza e da delicadeza do fenômeno. Enquanto outras psicofonam ou psicografam, mas podem estar a serviço de entidades primárias ou até equivocadas.

Há indivíduos que recebem espíritos e mais espíritos desencarnados, mas sequer fizeram contato com a realidade profunda e consciente do próprio espírito.

Recebem outros espíritos, mas não receberam a si mesmos.

— *O que você quer dizer com "receber a si mesmo"?*

— Há pessoas que estão tão dominadas pelos pensamentos que acreditam plenamente serem os próprios pensamentos. A verdade é que, para muita gente, pensar é uma compulsão, uma doença. A mente é um aparelho fantástico, mas deve estar a serviço da consciência profunda. O problema é que os indivíduos não estão usando a mente, estão sendo usados por ela. Acreditam ser a própria mente.

Isso é uma espécie de delírio ou alucinação.

Receber a si mesmo significa libertar-se do turbilhão de pensamentos e perceber a consciência observadora que está fora do caudaloso rio mental, serenamente observando e gerenciando o campo dos pensamentos e, consequentemente, das emoções. Todo pensamento gera uma reação neuroquímica que chamamos de emoção. Dominar os pensamentos, portanto, leva naturalmente ao domínio das próprias emoções.

— *Realmente é melhor ser médium da própria consciência do que de entidades menos esclarecidas.*

— Sim. Ao despertar a própria consciência recebemos naturalmente a ajuda de outras mais avançadas.

7. MENTE CONDICIONADA

— *Há pessoas que afirmam ouvir vozes que falam dentro de suas cabeças e, por isso, buscam os consultórios médicos, psicológicos ou os centros espíritas. O que são essas vozes?*

— Podem ser espíritos desencarnados ou os próprios pensamentos derivados de uma mente condicionada.

— *O que é uma mente condicionada?*

— É o resultado da soma de toda história pregressa do indivíduo, somado aos seus valores culturais. Podemos dizer que a mente é uma união de crenças psicológicas.

Tudo aquilo que nos foi passado como correto, verdadeiro, real, pode ser apenas uma crença. Esse pode ser o pior cárcere para o ser humano! Crenças equivocadas – e não me refiro, aqui, às provenientes apenas de religiões irracionais e dogmáticas, mas a quaisquer crenças ou conceitos negativos. São prisões tenebrosas muito mais desconfortáveis que inúmeras cadeias e penitenciárias.

Não foi por acaso que Mahatma Gandhi declarou com tanta sabedoria que a prisão não se constitui das grades, e a liberdade não é andar na rua; existem homens presos na rua e livres na prisão. Tudo é uma questão de consciência.

— *Perfeito!*

— Somente é livre aquele que está no comando de seus próprios pensamentos. Aquele que se liberta da própria mente.

— *Qual o primeiro passo para essa libertação mental?*

— Começar a observar os próprios pensamentos.

Todo indivíduo tem uma voz que não para de falar dentro da própria cabeça. Comece a observar essa voz. Comece a observar as histórias que essa voz repete sem cessar dentro da você. Mas é importante apenas observar, inicialmente, não julgar, não debater, não questionar. Temos que ser apenas um observador.

Não somos essa voz que fala sem cessar. Somos observadores. Quando essa voz silenciar o eu profundo se manifestará. Uma nova voz será ouvida, mas já não será a presença dos pensamentos repetitivos e condicionados. Será a divina presença – a consciência profunda.

— *Como saber a diferença entre a voz que vem da mente e aquela que brota da consciência profunda?*

— Isso implica uma vigilância ou observação constante. A voz que vem da mente sempre nos chega confusa, instável, não transmite segurança.

Na verdade, são várias vozes ao mesmo tempo. A voz que nasce da consciência traz consigo tranquilidade, paz, segurança, clareza.

O estado emocional interno, no momento, é o que melhor define a origem da voz que fala em silêncio.

— *Perceber os próprios pensamentos é estar de fato consciente?*

— Sem dúvida. Perceber os próprios pensamentos é contatar uma realidade ampla, subjacente aos pensamentos rotineiros. Ao se conectar com a dimensão mais profunda do ser, os pensamentos passam a perder força e se submetem à regência da consciência.

O ser já não estará mais sob o controle da sua mente, das circunstâncias, dos problemas, das dificuldades, das opiniões e das pessoas. Enfim, não estará mais sob o controle do mundo.

A inconsciência é o grande mal que domina a humanidade terrestre. As pessoas vivem mergulhadas em forças psíquicas que sequer percebem e, por isso, são dirigidas por elas. Pensamentos e mais pensamentos de encarnados e desencarnados dominam as criaturas humanas.

8. SAIA DO CONTROLE!

— *Agora estou entendendo o título que você está me apresentando desde o início da escrita do livro. Não tive coragem de escrevê-lo no início. Achei que estava equivocado, que não estava filtrando direito sua mensagem. Saia do controle! Esta expressão estava insistindo dentro de mim.*

— Saia do controle.

— *Acho que, agora, entendi!*

— É um bom título? O que acha?

— *Sem dúvida. De onde você tirou esse título? Estava achando estranho. Pensei comigo: — "As pessoas mais religiosas não vão gostar desse título". Embora eu não escreva apenas para religiosos. Este título, num primeiro momento, parece irracional, mas agora eu já o entendo. A consciência vive fora do controle de pensamentos condicionados. Foi você que o elaborou ou outra consciência extrafísica?*

— Mais importante que o mensageiro é a mensagem!

As criaturas humanas realmente precisam sair do controle da mente com urgência. A maioria dos problemas alimentados pelos seres humanos não é real, é puramente mental. Há muito sofrimento por conta da imaginação que se alia ao medo.

Pensamentos gerados pela mente e não são percebidos de fora, pela consciência, podem se tornar nossos carrascos e inimigos cruéis. Quando buscamos o silêncio mental, o espaço sem pensamentos, vamos paulatinamente sentindo uma paz e uma alegria indescritíveis. "E a paz de Deus, que excede todo o entendimento, [...]"[9].

Nesse vazio interior, encontramos Deus, a Consciência Divina, e aí nos conectamos com a própria Divindade. Esse espaço silencioso é chamado, no Oriente, de mente vazia.

— *Mas o ditado popular não diz que "mente vazia é oficina do diabo"?*

— É preciso entender mais profundamente a verdade por trás desse ditado que é singular e profundo! Na realidade, a mente vazia será sempre canal para a consciência. O ditado faz referência ao ócio excessivo – o não ter o que fazer –, à falta de uma rotina saudável. A criatura humana é tão viciada em pensar que, se ficar sem ter o que fazer durante muito tempo, começa a pensar o que não deve. Como se diz no popular, "começa a inventar moda", ou seja, a criar mais problemas para si mesma.

O ditado faz referência a isso. E o diabo, nesse sentido, seria o próprio pensamento turbilhonado, desequilibrado, acelerado e, muitas vezes, pessimista, fonte de angústia e insatisfação.

— *Podemos dizer que a criatura humana vive controlada pelos próprios pensamentos?*

— Sem dúvida. Também é preciso dizer que em determinado estágio da evolução espiritual e antropológica[10], as criaturas carecem de determinado controle moral para não se perder

---

9 Filipenses 4:7.

10 **Antropologia** é a ciência que tem como objeto o estudo sobre o homem e a humanidade de maneira totalizante, ou seja, abrangendo todas as suas dimensões.

nos labirintos escuros dos vícios, das paixões selvagens e do ego. Por isso tivemos a presença de legisladores como Moisés no mundo, apresentando diretrizes de comportamento moral para seu povo.

Porém, infelizmente, há muitos outros controles que ferem o indivíduo na sua liberdade espiritual. Há condicionamentos e crenças infelizes que escravizam e cegam.

— *Poderia nos dar um exemplo?*

— Quando o espírito renasce na Terra, ele passa por uma programação mental, proveniente da cultura terrena, quase sempre distanciada dos verdadeiros valores da consciência. Cada um é programado pela cultura do país onde nasce.

Essa cultura está fundamentada em crenças religiosas, políticas e familiares, como nós sabemos, nem sempre positivas.

Quantas pessoas, por exemplo, lidam com o sexo e suas manifestações com tanto medo, alguns até com nojo? A maioria das religiões domina a criatura humana pela psicologia do medo, do temor, quando não do pavor. Embora seja um mito, dentro de muitos templos, a figura de Satanás e ou do Diabo é muito mais mencionada do que a de Cristo e de Deus.

Muitas dessas religiões colocam o sexo como sujo, antidivino, pecaminoso. Condenam o prazer e defendem que o caminho do sofrimento e das penitências é que conduz ao reino de Deus.

Muitos sacerdotes são celibatários devido a uma institucionalização do celibato imposto; mas não por realmente desejarem. Claro que há aqueles que realmente buscam conscientemente uma vida celibatária, mas outros a vivem por obrigação; e isto, sabemos, pode gerar uma série de desequilíbrios no campo dos extravios do desejo.

— *Extravios do desejo?*

— Sim. A pedofilia, por exemplo. A energia sexual não podendo se manifestar harmonicamente pelas vias abençoadas do sexo natural, acaba se manifestando de forma patológica. Tudo o que é reprimido termina buscando vias de manifestação nem sempre equilibradas.

Reprimir não é sublimar.

Muitas religiões criaram preceitos pesados, castradores mesmos, para dominarem as pessoas. E os dogmas irracionais conduzirão a culpas. E todo ser se fragiliza, quando culpado.

Agora imagine, minha cara, você ter no próprio Deus um verdadeiro inimigo. É aquela velha história de quando um sacerdote indagou ao povo na igreja: — "*Quem quer ir para o céu levanta a mão!*". Uma floresta de braços erguidos. — "*Quem quer ir agora?*". Todos abaixaram os braços. (risos)

Precisamos lembrar que Jesus nos falou da porta estreita, sim, mostrando a necessidade da disciplina, do equilíbrio, do esforço continuado no processo de renovação moral. A filosofia oriental do Caminho do Meio[11] será sempre o da verdadeira renovação. Há indivíduos que vestem máscaras de santidade perante a sociedade, mas prosseguem

---

11 A expressão Caminho do Meio é usada pelo Buda em seu primeiro discurso para descrever o roteiro de acesso ao Nirvana – A plenitude. Para alcançá-la não se deve adotar comportamentos extremos, precisa-se ter o equilíbrio na conduta.

desequilibrados na intimidade do coração. A isso classificamos como hipocrisia.

Recordemos também que Jesus acolheu doentes do corpo e da alma, publicanos e meretrizes, mas foi severo com os escribas e fariseus, chamando-os de sepulcros caiados[12], formosos por fora e podres por dentro.

São muitas as forças que controlam a criatura humana na Terra. Materialismo, consumismo, sexismo, viciações diversas, modismos midiáticos, etc. etc. etc. E todas essas forças que subjugam os seres humanos iniciam sua influência no campo mental. A mente é o grande alvo dos espíritos obsessores. Não foi por acaso que Paulo de Tarso escreveu:

> *"[...] mas sede transformados pela renovação do vosso entendimento, para que experimenteis qual seja a boa, agradável, e perfeita vontade de Deus."*[13].

Muitas são as crenças que impedem os seres humanos de serem felizes. Temos medo de sermos julgados, questionados, de não corresponder às expectativas alheias, de não nos enquadrarmos no politicamente correto, de sermos marginalizados por acreditar em uma verdade diferente da acreditada pela maioria. A realidade, minha cara, é que a humanidade às vezes parece uma grande Casa Verde...

---

12 Mateus 23:27.
13 Romanos 12:2.

— *Casa Verde?*

— Lembra do livro O Alienista, de Machado de Assis?

— *Claro que lembro. Mas posso colocar isso no livro? Muitos leitores não devem conhecer a história.*

— Se você permitir, posso fazer um resumo do livro. Vale a pena! Ajudará em nossas reflexões.

— *Quem manda aqui é você. Sou apenas sua secretária. Ou melhor sua médium.*

— Chico Xavier dizia ser um amanuense[14] dos espíritos e Madre Teresa de Calcutá foi classificada por seu confessor como o lápis na mão de Deus.

— *Mas Chico e Teresa de Calcutá foram seres iluminados, não posso, na minha imperfeição, me comparar nunca a eles. Não seria uma heresia, um insulto?*

— Não do ponto de vista da consciência. Heresia é o indivíduo negar que traz em si a luz de Deus. Todos os seres trazem na alma a centelha divina, aquilo que nas antigas tradições espirituais do planeta também era chamado de A Semente do Ouro, ou seja, a própria consciência.

Claro que você não é um Chico nem uma Teresa, mas você, em sua essência mais profunda, assim como todos os outros irmãos em humanidade, é filha de Deus; e traz as mesmas potencialidades divinas que os sábios e santos apresentam.

Não podemos endeusar pessoas e negar que também somos deuses.

---

14 Pessoa que copia o que outros escrevem ou ditam; escrevente; escriturário.

Muitas vezes a idolatria esconde nossa postura acomodada. Para muitos, santidade e elevação é só para os santos e puros como Chico Xavier, Teresa de Calcutá, Francisco de Assis, entre outros. Mas, com esse pensamento, prosseguem vivendo suas vidas sem qualquer propósito espiritual.

O perigo da idolatria, da adoração a seres espirituais santificados no Bem é acreditar que eles resolverão os nossos problemas. Recordemo-nos que Jesus esclareceu: *"Se alguém quiser vir após mim, renuncie-se a si mesmo, tome sobre si a sua cruz, e siga-me;".*[15]"

Jesus não propôs carregar a cruz de ninguém porque a cruz é de cada um e, muitas vezes, é a ponte entre a Terra e o Céu para o próprio indivíduo.

O que seria dos homens se não fossem os problemas, os desafios, as dores e as perdas?

Toda experiência, mesmo as dolorosas, colaboram para o despertar da consciência, e tudo trabalha para o aperfeiçoamento espiritual das criaturas.

---

15 Mateus 16:24.

9. O ALIENISTA DE MACHADO

— *Fique à vontade para comentar sobre o livro do notável fundador da Academia Brasileira de Letras (ABL). Sempre tive uma admiração por Machado de Assis. Sua história de vida me fala de um indivíduo que venceu muitas barreiras e, de alguma forma, acendeu sua luz interior para se tornar quem se tornou... jornalista, contista, cronista, romancista, poeta e teatrólogo. Filho de um pintor, perdeu a mãe muito cedo. Foi criado no Morro do Livramento, no Rio de Janeiro, sem meios para cursos regulares.*

— Nos fale mais dele.

— *Machado estudou como pôde e, em 1854, aos 15 anos de idade, publicou o primeiro trabalho literário, o soneto À Ilma.[16] Sra. D.P.J.A. Em 1856, entrou para a Imprensa Nacional como aprendiz de tipógrafo onde conheceu Manuel Antônio de Almeida, que se tornou seu mentor.*

Em 1858 já era revisor e colaborador no Correio Mercantil e, em 1860, a convite de Quintino Bocaiúva, passou a pertencer à redação do Diário do Rio de Janeiro. É considerado por muitos especialistas o maior nome da literatura brasileira.

É muito bom falar dos verdadeiros ícones nacionais. São verdadeiras inspirações! Dizem que Machado era ateu, mas para mim, ele acessou Deus de alguma forma.

— Os espíritos sábios afirmam que mais importante do que dizer que somos crentes em Deus é saber se temos algo de

---

16 Ilma. é a abreviatura de Ilustríssima.

Deus a ofertar. Entre um religioso mau caráter e um ateu do Bem, fiquemos com o segundo. Por sinal, como já disse aqui, grande parte das guerras no mundo, tem origem religiosa; então temos de ficar atentos para não confundir religião com espiritualidade. Uma coisa é uma coisa, outra coisa é outra coisa. (risos)

— *Verdade. Vamos ao conto? Conto ou novela?*

— Bem, para alguns especialistas, O Alienista, um dos marcos do *Realismo* no Brasil, é uma novela. Para outros, apenas um conto mais longo, publicado no ano de 1882. O que importa para nós é que o livro traz uma história emblemática que gira em torno dos transtornos mentais.

Pensei em fazer esta abordagem em um capítulo mais a frente, destinado ao tema "Saúde", mas talvez o assunto fique melhor aqui.

A narrativa se inicia com a volta de um médico psiquiatra, Dr. Simão Bacamarte, à sua terra natal, Itaguaí, no estado do Rio de Janeiro. Seu ideal maior é dedicar-se ao estudo da loucura humana. Acaba obcecado pelo tema e funda um manicômio, a Casa Verde. O alienista desenvolve a teoria de que onde não há razão, supostamente haveria o desequilíbrio mental. O personagem expõe a tese ao Padre Lopes que não concorda com a ideia, achando-a uma ameaça à tranquilidade e à segurança da população.

Dr. Bacamarte dá início às primeiras internações. As pessoas até então eram consideradas normais pela comunidade. Os primeiros a serem internados no manicômio foram aqueles com mania de orar, os considerados vaidosos, os que eram gentis em demasia e os que emprestavam dinheiro.

Numa noite, a esposa do Dr. Bacamarte estava indecisa quanto ao colar que deveria usar em um baile. Não houve dúvidas para o alienista, internou a própria esposa classificando seu comportamento como uma insanidade.

Todos os critérios da avaliação psiquiátrica e da internação dos indivíduos eram estabelecidos pelo alienista, contando também com o apoio da igreja e de outros poderes da época. Bacamarte internou um número alarmante de pessoas. O povo indignado resolveu tramar uma rebelião contra as injustiças e as loucuras cometidas pelo médico. O levante foi liderado pelo barbeiro Porfírio, que prometeu pôr abaixo as paredes do manicômio. Porfírio, porém, acaba entrando em acordo com Bacamarte. O consentimento foi suficiente para uma nova revolta comandada, dessa vez, por outro barbeiro da cidade. Milícias de outro território deram um fim às discórdias e o psiquiatra prosseguiu com seus estudos.

Diante do número assombroso das internações, Simão Bacamarte passa a elaborar uma nova teoria: Louco seria aquele que possuísse a mente no mais perfeito equilíbrio e não o que tivesse o juízo doentio. Com isso, libera os antigos loucos e interna agora apenas o Padre Lopes, a esposa de um amigo e Porfírio. Mas por pouco tempo, pois assim que os novos internados apresentaram algum desequilíbrio, Dr. Bacamarte os libera. Chega à conclusão de que ninguém estava realmente doente e os desequilíbrios notados já faziam parte do comportamento deles.

Por fim, Dr. Bacamarte decide estudar sua própria condição mental, declarando-se o único equilibrado da vila e trancando-se no Manicômio Casa Verde. Depois de dezessete meses, é encontrado morto.

— *Parece que essa novela retrata certo pessimismo de Machado de Assis em relação aos seres humanos.*

— Para muitos, sim. Mas vejo mais que pessimismo e realismo nessa obra. Vejo algo singular! Faltou a Simão Bacamarte considerar a dimensão humana em sua profundidade, em seu aspecto transpessoal. Por isso ele terminou dominado pelo seu próprio cientificismo e veio a morrer. Ficou detido totalmente na mente humana, não a transcendeu. Não conseguiu ir além. Perdeu-se na própria mente, foi controlado por seus raciocínios frios e desumanos.

— *Agora estou começando a entender aonde você quer chegar. Bem... quer dizer... acho que estou. Uma pergunta breve: Posso sempre lhe chamar de você? Estou começando a achar que você é tão divina que precisarei mudar o pronome de tratamento... Seria melhor Vossa Mercê? (risos)*

— Você é realmente uma gracinha! Se não fosse casada eu me casaria com você. Mas isso seria narcisismo demais para uma pessoa só. Você se casar com você mesmo. Mas sem formalidades, por favor. Sou apenas sua consciência. Não nego que tenho origem nobre e sou divina, quando você me permite ser. Mas nada de formalidades.

É importante que os amigos leitores estejam avisados de que você nem sempre consegue filtrar o que estou querendo dizer. E a culpa não é minha. Nem sua. É só uma questão, ao mesmo tempo, de evolução e sintonia. Para se contatar a consciência é preciso estar alinhado aos valores da própria consciência. Esse é o caminho que também chamamos de transformação moral que muitos conhecem pelo nome de reforma íntima.

A mente não consegue equacionar os problemas da própria mente.

Ela é um labirinto infinito. Somente a luz da consciência profunda pode dissipar os densos nevoeiros mentais. Podemos estudar os mecanismos da mente, no entanto, sem o despertar da consciência, estaremos dominados por pensamentos, crenças, condicionamentos e emoções.

Dr. Simão Bacamarte conheceu muito bem a mente daqueles que foram suas cobaias, mas não penetrou a antessala de seus corações. Não acessou suas consciências. Todo estudo psicológico e psiquiátrico é louvável, mas não se pode desconsiderar o centro das criaturas humanas: a alma, a consciência, o eu superior.

10. O PODER DA RESPIRAÇÃO

— *Ouve-se muito falar sobre a relação entre bem-estar e respiração, há alguma relação importante entre respiração, mente e consciência?*

— Há sim. Muitas vezes, a pessoa está tão agitada, inquieta, que não consegue fazer uma conexão com a energia vital do corpo.

Observe que toda vez que você inspira, ou seja, que joga o ar para o interior dos pulmões, a mente desacelera e até parece parar. Perceber a própria respiração é um tipo poderoso de meditação. A respiração tem o poder de conduzir o indivíduo ao interior do próprio corpo, onde habita, temporariamente, o ser profundo.

Você que nos lê neste momento, procure sentir o bailar suave da própria respiração. O sair e entrar do ar. Observe como focar a atenção no respirar pacifica o campo mental. Ar é energia, é alimento poderoso, medicamento tranquilizante. Sinta o ar dentro do corpo, ele será ponte entre você e seu próprio corpo.

Sinta o abdômen inflar e se esvaziar. É um exercício simples, mas poderoso, porque conduz à consciência. Os pensamentos não resistem à respiração. A mente perde força quando se respira profunda e calmamente.

Por isso, toda vez que alguém está muito nervoso, as pessoas intuitivamente recomendam respirar fundo e contar até dez. O poder não está no contar até dez, mas no respirar. A respiração livra momentaneamente o indivíduo do domínio pernicioso dos pensamentos.

— *Pode falar mais sobre os benefícios da respiração para a saúde integral do ser?*

— Consciência, mente e saúde são temas correlatos. No capítulo em que conversaremos sobre meditação, também voltaremos a falar de respiração.

Um ser humano pode viver semanas sem se alimentar ou sem ver a luz do Sol. Também consegue passar alguns dias sem beber um copo d'água, mas ninguém consegue ficar mais que alguns poucos segundos ou minutos sem respirar.

Quando o ar penetra os pulmões, o oxigênio é separado dos demais gases e é absorvido pelos glóbulos vermelhos do sangue, as hemácias. Antes, porém, esses glóbulos já devolveram aos pulmões o bióxido de carbono que recolheram como produto rejeitado pelo organismo. O interessante é que, durante esse processo, somente um sexto da capacidade total dos pulmões é ocupado. Mas a natureza nada constrói por acaso. Se todas as pessoas respirassem mais profundamente, sentiriam menos cansaço e perceberiam um evidente aumento na resistência física. Oxigenariam melhor o sangue, prolongando a própria vida orgânica.

Uma respiração curta pode ser responsável por diversas doenças físicas e mentais, como alterações nervosas, corpo curvado, tórax estreito, tez pálida, problema de memória, resfriados comuns e até mau humor.

Por meio do ar, o corpo absorve energia ou prana[17], existente em todas as partículas do ar. Essa energia é também absorvida pelas plantas, pelos animais, pela água, pela terra e demais elementos que estruturam a vida.

— *Para muitos estudiosos, e até entre os místicos, é essa energia que mantém a harmonia e a integração do todo-universal.*

— Na verdade não há separação no universo, tudo está interligado, sobretudo, através da Consciência Divina que a tudo rege e conduz.

Adeptos do Lamaísmo[18], por meio de exercícios respiratórios específicos, conseguem meditar sobre o gelo e manter seus corpos aquecidos, a cinco mil metros de altitude. Uma respiração profunda e pausada melhora a circulação do sangue e mantem o corpo aquecido.

— *Recordo-me que na adolescência eu tinha pés e mãos sempre muito frios. Nas noites de inverno, levava no mínimo meia hora para aquecê-los debaixo dos cobertores para aí então adormecer.*

Em Espera Feliz, cidade situada nas montanhas mineiras, o inverno é rigoroso. Quando comecei a estudar sobre a importância de uma respiração mais pausada e profunda – através do diafragma –, passei a observar melhor como eu respirava. Minha respiração era curta e rápida, não enchia plenamente os pulmões. Logo procurei respirar com mais calma,

---

17 Prana ou sopro de vida é a energia vital universal que permeia o cosmo, absorvida pelos os seres vivos através do ar que respiram.

18 Religião de maior prestígio no Tibete e na Mongólia, fundada no ano 747 pelo monge Padmasambhava.

enchendo os pulmões com a bênção do ar. Dentro de poucos meses, percebi que minhas mãos e pés haviam adquirido nova temperatura. Passaram a estar permanentemente aquecidos mesmo nos invernos mais severos. Observei também que não era apenas meu corpo que estava se sentindo melhor, mas também meus raciocínios estavam mais claros e até minhas emoções pareciam ter ganhado qualidade. Havia aumentando meu nível de concentração, atenção e percepção. É claro que eu não tinha ainda os conhecimentos que hoje tenho sobre mente e consciência.

— De certa forma você já os tinha em um nível mais profundo, intuitivo, vindo a reconhecê-los e a desenvolvê-los melhor mais tarde. Não é de agora que você se dedica a estudar a alma humana e seus mecanismos.

— *Quando ingressei na Faculdade, passei a desenvolver uma respiração mais lenta e profunda, sempre minutos antes das provas bimestrais. Tal prática parecia facilitar-me o acesso aos arquivos da memória. O pensamento fluía mais tranquilo, livre de tensões e bloqueios. Atualmente, antes das palestras e seminários que realizo Brasil a fora, procuro destinar sempre alguns minutos à prática de respirar bem e sentir a energia do corpo. Não se trata de nenhum exercício complexo, apenas procuro sentir o ar, sentir o corpo, observar calmamente os pensamentos que transitam na praça mental, quietar-me. O resultado é singular. Percebo quando entro no estado Alfa[19], você acredita?*

---

19 Estar em alfa é sinônimo de um estado de relaxamento profundo, sem estar dormindo.

— Não. Não acredito.

— *Não?*

— Não acredito... eu sei. Essa preparação me permite melhor falar através de você. Isso é o que se chama intuição, a conexão da mente, ou do ego, com a consciência. E facilita a assistência dos espíritos amigos durante a atividade doutrinária. Aliás, isso também é o que se chama inspiração.

— *O que vem da consciência é intuição, o que vem dos bons espíritos é inspiração?*

— Exatamente!

— *E quando vem das duas fontes?*

— Estaremos diante de um fenômeno mediúnico-consciencial. Normalmente é o que acontece quando o indivíduo, ou o médium se dedica com empenho ao que chamamos de Reforma Íntima. Quanto mais elevação do médium, mais consciência e menos condicionamento mental.

— *O que vem da consciência também é anímico?*

— Sim, claro. Anímico significa "da alma". A consciência é o centro da alma. Mas tanto o anímico-consciencial quanto o mediúnico superior são manifestações que podemos considerar divinas.

— *Como a mente de um terapeuta, vejo-o em seu trabalho, sempre orientando quem realiza terapia:*

"Quando estiver nervoso, procure respirar fundo. Retenha o ar por alguns segundos na intimidade dos pulmões. Depois libere bem lentamente até que os pulmões se sintam plenamente

vazios. Repita esse simples exercício umas oito vezes e perceberá que o ritmo cardíaco diminuirá, trazendo uma maravilhosa sensação de bem-estar, de bem-aventurança."

— O ar é veículo da vida. Ele é alimento superior para o corpo e um bálsamo de paz para a mente.

A natureza estabeleceu o número de trocas respiratórias para cada pessoa, no período que vai de um nascer do sol a outro em aproximadamente 21.600 vezes. Uma respiração agitada acelera o ritmo cardíaco e, consequentemente, diminui o tempo de vida do organismo. Quem melhor respira vive mais e melhor.

Praticantes de yoga mais experientes, pela prática de posturas, respiração e meditação, tornaram-se imunes a certos venenos, por terem conseguido aumentar sobremaneira a resistência do corpo.

Respirar bem é ajudar a combater esse terrível inimigo do homem contemporâneo: a ansiedade. Uma respiração harmoniosa pode contribuir substancialmente no combate a estados ansiosos e aflitivos. Aprender a respirar é tão importante quanto aprender a se alimentar. A diferença é que o ar, pelo menos por enquanto, é de graça. (risos)

11. A CONSCIÊNCIA POR DETRÁS DOS PENSAMENTOS

— *Somente contatamos a consciência quando nos livramos dos pensamentos? Isso parece impossível! O tempo todo algum pensamento habita nossa casa mental. Um pensamento gera outro pensamento, que gera outro e outro e assim sucessivamente. Como me esvaziar completamente?*

— Muito importante a sua pergunta. Sem ela este livro poderia parecer uma fantasia. A verdade é que também há consciência quando há pensamentos, desde que o indivíduo esteja sempre observando o que pensa. A inconsciência profunda é quando a criatura vive ao sabor dos próprios pensamentos e das emoções em desalinho.

Já afirmamos em nosso livro *Liberte-se da sua mente*[20] que a mente é um rio caudaloso de pensamentos e emoções. Há aqueles indivíduos que estão mergulhados no fundo do rio, dominados pelas águas turvas e agitadas dos pensamentos condicionados. E há aqueles que aos poucos vão aprendendo a, periodicamente, se sentarem na margem do rio para apenas observar os próprios pensamentos.

O ser consciente além de pensar observa aquilo que está pensando; o indivíduo inconsciente pensa, mas não percebe, não analisa, não questiona, não critica o próprio pensamento. O indivíduo inconsciente é totalmente dominado pelas reações neuroquímicas que provoca, ou seja, é dominado por suas próprias emoções. E isso normalmente se torna um círculo vicioso: pensamento gera emoção que gera pensamento que gera nova emoção e assim sucessivamente.

---

20 *Liberte-se da sua mente - do vazio à plenitude* - Rossano Sobrinho.

12. CIRCUITO MENTAL NEGATIVO (CMN)

— *Há pessoas que surtam, perdem totalmente o controle de si mesmas. O que acontece nesses casos?*

— Um total domínio dos pensamentos sobre elas. Nossos piores inimigos são os nossos pensamentos. Um pensamento negativo gera uma emoção negativa que, como expliquei, pode trazer outro pensamento negativo e assim continuamente, até dominar por completo o emocional do indivíduo.

Um pensamento que não é analisado ou questionado pela consciência, pode desencadear todo um processo mental pernicioso, até se estabelecer o que chamo de Circuito Mental Negativo (CMN). Durante um processo de CMN, o indivíduo não consegue sair do cárcere dos próprios pensamentos. Essa é a pior de todas as prisões.

— *Como mente de um terapeuta, vejo muitas pessoas que chegam ao consultório presas nesse circuito mental pernicioso. Não conseguem enxergar a saída.*

— Os suicidas, por exemplo, são pessoas que ficaram aprisionadas em um CMN. Não enxergaram uma saída, outra porta, alguma janela. Não conseguiram ver além do túnel escuro dos próprios pensamentos e emoções de baixo teor vibracional. Foram completamente dominadas pela própria mente.

— *O ser humano, ao não aprender a conhecer o funcionamento da própria mente, pode acabar dominado por agentes inconscientes que geram ideias e emoções perniciosas.*

— Sem dúvida. A criatura humana vive refém em sua própria mente porque está identificada com os pensamentos. Vive sob o controle deles. O tempo da escravidão não acabou, pois ainda há a pior das escravidões: a mental.

E um detalhe importante: não basta estudar os processos mentais, é preciso desidentificar-se *da mente*.

— *Um estudioso da mente pode viver dominado pela própria mente, pelos próprios pensamentos?*

— Pode. Mais que conhecer a mente é preciso transcendê-la, ir além dos pensamentos e emoções. A grande libertação ocorre quando o indivíduo percebe não ser a própria mente e começa a gerenciá-la com equilíbrio e tranquilidade.

—*O terapeuta e eu já atendemos muitas pessoas que há anos faziam terapia, revisitando e relatando infindáveis ocorrências do passado, e quanto mais falavam do próprio passado mais ficavam engastalhadas nas redes psíquicas de fatos já ocorridos.*

— A mente se alimenta do passado. Relembrar infindavelmente as coisas que já ocorreram é apenas reforçar o próprio passado e alimentar ainda mais o desalinho mental. Não critico aqui o *Método catártico freudiano*[21], que pode ajudar a dissolver nódulos energéticos traumáticos do psiquismo. A catarse, em psicanálise, representa a cura de um paciente que é alcançada através da verbalização de experiências negativas recalcadas. Apenas sinalizo que as pessoas precisam aprender a diferenciar a virtualidade da mente – que vive do passado – da realidade do agora.

---

21 Aqui se refere à terapêutica que Freud indica para o alívio das tensões interiores do paciente que consiste em exteriorizar por meio da fala sua história pessoal.

13. A MENTE É VIRTUAL

— *A virtualidade da mente?*

— Exato. A mente é virtual. O passado e o futuro são apenas estruturas psíquicas virtuais. Não existem de fato. No entanto, podem dominar as criaturas, gerando pessimismo e ansiedade, preocupações e apego, angústia e adoecimento.

Jesus sempre apontou a importância de se viver no agora, que é o que temos de real e verdadeiro, em oposição ao passado e ao futuro, que são sempre virtuais.

Já nos esclareceu o Mestre incomparável: *"Ninguém, que lança mão do arado e olha para trás, é apto para o reino de Deus."*[22]

E nos advertiu ainda o sublime Mensageiro: *"Não vos inquieteis, pois, pelo dia de amanhã, porque o dia de amanhã cuidará de si mesmo."*[23]

Mas as criaturas humanas não entenderam o recado. Ficaram fixadas na letra que mata e perderam a visão do espírito que vivifica.

Acredite. Há muita gente doente por estar presa ao passado, ou perdida em algum lugar do futuro, sem se dar conta de que nenhum dos dois existem.

— *Algumas pessoas também chegam ao consultório com diagnósticos fechados, absolutos. E parece que sentem alguma*

---

22 Lucas 9:62.

23 Mateus 6:34.

segurança em serem diagnosticadas como depressivas, bipolares, com transtorno de ansiedade ou com síndrome do pânico...

— Não se assuste com o que vou dizer e nem os nossos leitores: muitas e muitas doenças são produto da imaginação.

— *Da imaginação? Como assim? Você está dizendo que não estão doentes de fato?*

— Não, não é isso que quero dizer. Estão doentes sim, mas dominadas por processos mentais imaginativos. Dominadas por ocorrências que já passaram, que não existem mais, a não ser dentro de suas mentes, ou por outras que nunca vão acontecer, portanto, imaginativas.

Nas pessoas que ainda estão sob o controle da mente, seus pensamentos e sua imaginação têm o peso da realidade. Sofrem porque pensam o que não deveriam pensar, ou porque acreditam piamente no que pensam. Não questionam seus próprios pensamentos, não criticam a sua imaginação e, por isso, são controladas pela própria mente.

— *Você está afirmando que a imaginação é um perigo?*

— A imaginação pode ser algo maravilhoso, extraordinário, dando asas ao pensamento humano, à criatividade, oportunizando viagens fantásticas rumo ao infinito; mas pode também ser uma prisão obscura e fria, dominada por verdadeiros monstros mentais.

Há pessoas, por exemplo, que carregam doenças imaginárias por uma vida toda, sofrendo emocionalmente e esperando a morte que nunca chegará como esperam. Estão encarceradas na virtualidade mental. Outras acreditam em traições que imaginaram, mas nunca aconteceram de verdade, e azedam seus relacionamentos. Outras, ainda, vivem preocupadas por tormentas em relação ao futuro financeiro que acabam não ocorrendo e nem enfrentando dificuldade econômica.

Quantas pessoas são vítimas de ciúme, inveja, raiva, complexos diversos enfim, e não se dão conta de que tudo isso pode ser apenas produto de uma forma equivocada da mente na interpretação da realidade? Não se dão conta de que tudo isto são apenas distorções ligadas à construção dos pensamentos.

Não se esqueça de que a mente engana. A mente é, de fato, virtual.

14. TUDO É PAISAGEM

— *Fico pensando: Será que somente a mente é virtual?*

Renascemos na Terra com uma nova personalidade, crescemos numa nova família, aprendemos uma nova profissão. Os papéis familiares mudam. As funções mudam. Muitas vezes as crenças mudam. E seguimos o grande rio caudaloso da vida rumo ao oceano da Consciência Divina.

Mas tudo que é matéria passa, tudo o que é ilusão cai por Terra. Somente os valores que "a traça nem a ferrugem consomem, e onde os ladrões não minam nem roubam."[24] prosseguirão conosco, como ensinou Jesus.

Carl Gustav Jung também dizia que tudo é paisagem! E, de fato, na Terra tudo é paisagem.

— É exatamente isso. Na Terra, tudo é paisagem! Tudo é material pedagógico a serviço do espírito imortal. Falarei na primeira pessoa do plural, incluindo-me no processo, para não parecer antipático aos nossos leitores, como se eu e você já tivéssemos superado as tantas ilusões terrenas.

Quando nascemos na Terra, mergulhamos no mundo das formas e da morte. Tudo o que enxergamos e tocamos, tudo o que nos chega pelos sentidos é transitório; porém é a única coisa que nos parece real.

No entanto, Muito facilmente uma grande ilusão se instala pouco a pouco em nossa mente. Perdemos o foco espiritual.

---

24 Mateus 6:20.

Identificamo-nos com aquilo que em realidade "estamos" – nossos papeis na atual encarnação e que em realidade só vai existir temporariamente – já que toda matéria é apenas energia em algum estado provisório. Não conseguimos ter consciência de quem somos – espíritos imortais.

Dessa forma, a consciência imortal que somos passa a contemplar o mundo exterior pelos óculos do materialismo, como se somente a matéria existisse.

Para a filosofia, o materialismo é um tipo de fisicalismo[25] que assevera que a única coisa na qual se pode afirmar a existência é a matéria. Todas as coisas, portanto, são compostas de matéria e todos os fenômenos são o resultado de interações materiais. A matéria é a única substância do universo.

— *Poderia falar um pouco sobre a história do pensamento materialista na Terra? Conhecer essa história, sua origem e desenvolvimento, também pode nos ajudar a nos desidentificarmos daquilo que não somos.*

— Sem dúvida.

O termo materialismo foi inventado em 1702 pelo filósofo, cientista e matemático alemão, Gottfried Wilhelm Leibniz, e reivindicado pela primeira vez em 1748, pelo médico e filósofo francês, La Mettrie, um dos primeiros escritores a escrever sobre o materialismo no período do Iluminismo.

Entretanto, a criação do pensamento materialista está na Grécia. Pode-se considerar que os primeiros materialistas

---

25 Fisicalismo é a tese metafísica de que tudo é físico, ou, recorrendo à noção de superveniência, é a doutrina segundo a qual tudo é superveniente ao físico.

são alguns filósofos pré-socráticos: Demócrito, Leucipo, Epicuro e Lucrécio, que defendiam a tese de que toda a vida universal se resume em átomos, vácuo e movimento.

Para o materialismo científico, o pensamento se relaciona a fatos puramente materiais e essencialmente mecânicos. Na filosofia marxista, o materialismo dialético[26] ou histórico é apresentado por Karl Marx e Friedrich Engels, admitindo que a consciência é um produto da matéria, embora distinta dos fenômenos de ordem material.

O materialismo histórico é uma das teses dentro da filosofia marxista, segundo a qual o modo de produção da vida material determina o conjunto da vida social, política e, portanto, espiritual.

Para Marx e Engels, a matéria rege a mente, as relações e o espírito. Não podemos dizer que eles erraram totalmente nessa concepção, acredito apenas que enxergaram as ondas e não o mar. A matéria ainda domina quase toda a mentalidade social. Dinheiro, poder, posses, apegos são os valores e conceitos que motivam as consciências adormecidas na matéria.

Do ponto de vista profundo, a realidade do espírito sempre dirigiu, veladamente, toda a vida material, mas muitos não sabem disso. Como já afirmamos, as mentes vivem a ilusão das paisagens!

---

26 O Materialismo dialético é uma concepção filosófica e método científico que defende que o ambiente, o organismo e os fenômenos físicos tanto modelam animais irracionais e racionais, sua sociedade e cultura quanto são modelados por eles, ou seja, que a matéria está em uma relação dialética com o psicológico e o social.

A vinda de Cristo à Terra é um brado do Alto, a fim de desconstruir o domínio da matéria sobre o espírito. Trata-se de uma mudança de padrão. Cristo é a alma do mundo terrestre!

Figurativamente podemos dizer que adoramos a presença do corpo do Cristo o plano físico do planeta, mas desconhecemos a alma Dele, a realidade do espírito.

Quase todas as principais religiões da Terra nasceram de fenômenos eminentemente espirituais, mediúnicos e transpessoais, demonstrando a realidade do espírito acima da transitoriedade das formas. E mesmo com o avançar das ciências, cada vez mais a humanidade terrestre se dá conta de que há alguma coisa no ser humano que transcende, em muito, o seu corpo perecível.

Aí estão as terapias de vidas passadas, as experiências de quase morte, os estudos da psicologia transpessoal, as diversas pesquisas sérias sobre a reencarnação, demonstrando que há uma realidade espiritual independente da material.

— *Alguém, no entanto, poderia indagar, por que então Deus colocou a criatura humana nesse universo ilusório da matéria?*

Por que iludir o ser e prendê-lo a uma realidade falsa e perigosa, expondo-o a tantos apegos, desilusões, vícios e sofrimentos?

Seria Deus apenas um menino brincalhão e irresponsável jogando maldosamente com as nossas vidas?

— Estes questionamentos são muito bem respondidos pela espiritualidade superior a Allan Kardec. Indagou o codificador do Espiritismo:

"Qual é a finalidade da encarnação dos Espíritos?" A resposta foi singular: "Deus a impõe com o fim de levá-los à perfeição: para uns, é uma expiação; para outros, uma missão. Mas, para chegar a essa perfeição, eles devem sofrer todas as adversidades da existência corpórea; nisto é que está a expiação. A encarnação tem ainda outra finalidade, que é a de pôr o Espírito em condições de enfrentar a sua parte na obra da Criação. É para executá-la que ele toma um aparelho em cada mundo, em harmonia com a matéria essencial dele, a fim de nele cumprir, daquele ponto de vista, as ordens de Deus. E dessa maneira, concorrendo para a obra geral, também progredir."[27]

— *Extraordinária mesmo a resposta dos espíritos. Lembrou-me até de uma passagem de André Luiz, no livro Nosso lar, ele admite que "Não adestrara órgãos para a vida nova."[28], ou seja, não se preparou para viver a continuidade da vida no plano astral.".*

— Exatamente. Mergulhamos na matéria para despertar os nossos potenciais divinos, assim como a semente mergulha na terra para germinar, florescer e frutificar.

Na constituição do plano físico encontramos nossa matéria prima; sem ela não despertaríamos nossas infinitas potencialidades conscienciais por meio da convivência humana, das lutas diárias, das superações e dos enfrentamentos, dos problemas de saúde, das limitações e imposições da vida.

---

27 *O livro dos Espíritos*, questão 132, Allan Kardec.
28 *Nosso lar*, André Luiz, Chico Xavier, capítulo 1.

Não há desenvolvimento sem oposição. Para que haja luz em nós é preciso tomar contato com nossa sombra por meio dos desafios a serem superados.

Muitos dos amigos que nos leem neste momento devem estar passando por desafios, decepções e dores das mais diversas. Não estamos dizendo que tudo isso é fácil ou normal porque outros também passam por elas. Sabemos que não é! Em cada experiência, porém, em cada dor vivenciada, em cada lágrima chorada, uma luz se acende dentro de nós. A consciência amplia seu potencial após cada dificuldade superada. A sombra de nós mesmos é encarada de perto. Olho no olho! Chico Xavier dizia que evoluímos por um processo de desidratação: pelo suor ou pelas lágrimas.

Na Idade Média, por exemplo, os alquimistas buscavam primeiramente o *Nigredo*, palavra em latim que significa escuro e representa a morte espiritual, decomposição ou putrefação. Esse é o primeiro estado da alquimia, sucedido pelos estados Albedo (purificação), Citrinitas (despertar) e Rubedo (iluminação). Os alquimistas acreditavam que no primeiro passo para a Pedra Filosofal, todos os ingredientes tinham de ser preparados até criarem uma matéria uniforme. Obter uma Pedra Filosofal era um dos principais objetivos dos alquimistas na Idade Média. Com ela, diz a lenda, seria possível transmutar qualquer metal inferior em ouro, como também obter o Elixir da Longa Vida, que permitiria prolongar a vida indefinidamente.

Na psicologia analítica, o termo Nigredo se tornou uma representação para a noite escura da alma, quando um indivíduo confronta a sua sombra interior. Somente desse confronto pode nascer a luz, a iluminação.

A vida na matéria, a vida na carne, também é um nigredo espiritual. Sem essa descida ao mundo das formas densas e das relações complexas, o espírito não consegue realizar sua purificação, o seu despertar e a sua iluminação.

O plano material terrestre é um ponto de encontro para espíritos oriundos de diversas e diferentes dimensões ou vibrações espirituais. Somente com a ajuda da matéria esses espíritos podem conviver demoradamente e aprender uns com os outros, contando com a bênção do esquecimento do que viveram em outras reencarnações.

Tudo na obra de Deus é perfeito! O que parece luta é despertar, o que parece dor é crescimento! Quando não conseguimos enxergar o que está além das formas transitórias, das dores passageiras, ficamos presos na revolta e na rebeldia, adiando ainda mais o nosso encontro com a Grande Luz.

15. IDENTIFICAÇÃO MENTAL COM A MORTE

— *O benfeitor espiritual Emmanuel afirma com profunda sabedoria: "O homem carnal, em vista das circunstâncias que lhe governam o esforço, pode ver somente o que está 'morto' ou aquilo que 'vai morrer'. O Reino de Deus, porém, divino e imortal, escapa naturalmente à visão dos humanos."[29]. Então, podemos considerar que reencarnar, descer vibratoriamente para o mundo da matéria, é mergulhar na morte para despertar a vida espiritual em nós. Morremos na carne para renascer espiritualmente.*

— Sim. Mas há uma questão, do ponto de vista espiritual, ou consciencial, quando o espírito imortal passa a se identificar com tudo aquilo que é apenas material pedagógico passageiro no processo de sua evolução. O espírito passa a acreditar que é o corpo e a personalidade temporária vivenciada em cada reencarnação, ou seja, o ego.

Ao encarnar no grande sistema da vida na matéria, o indivíduo acredita que é filho de fulano, neto de sicrano, da família X, branco, negro, homem, mulher, pai, mãe, padeiro, médico, rico, pobre. Mas essas identificações se tratam apenas de papéis transitórios, necessários e importantes quando bem utilizados, perniciosos e limitantes quando nos identificamos com eles.

Você que nos lê, já se percebeu como espírito imortal, filho de Deus e herdeiro da eternidade? Já se deu conta de que tudo na Terra é passageiro, inclusive seu papel no contexto familiar e profissional?

---

29 *Caminho, verdade e vida* –Emmanuel, Chico Xavier, capítulo 107.

Daqui a pouco retornaremos ao grande lar da vida espiritual e todas as nossas ilusões de propriedade, apego, domínio não resistirão por muito tempo. E quanto maior nossos apegos e ilusões, maiores serão nossas dores e decepções.

— *A morte do corpo não é tão difícil. Desencarnar, ou seja, deixar a carne, também não. O difícil é perder nossas ilusões, nossos apegos!*

E quantos de nós após a morte física, por exemplo, não conseguimos desapegar dessas ilusões?

Continuamos habitando a casa que nos abrigava; muitas vezes gerando mal-estar em familiares que nos sentem a perturbação psicológica e vibracional. Ficamos presos ao ambiente de trabalho, desejando continuar nos mesmos afazeres, pois não treinamos nossa alma, nossa consciência, para voos mais altos. Não transcendemos, não nos conectamos, nem minimamente, à realidade espiritual superior. Ficamos sempre presos onde fixamos nosso coração, nosso sentido existencial.

Como esclareceu o Mestre Divino: "*Porque onde estiver o vosso tesouro, aí estará também o vosso coração.*"[30]. Perguntemo-nos, portanto, quais são os nossos tesouros? Onde eles se encontram? Se na transitoriedade das formas, das posses, dos títulos ou nos valores imperecíveis da alma.

Além dessas identificações com o mundo material, ocorre também outro tipo, altamente destrutivo, como já temos comentado: a identificação com os nossos próprios pensamentos

---

30 Mateus 6:21.

e nossas emoções. Realmente nós não somos nossa mente, é preciso enfatizar. Somos a consciência profunda que cria os pensamentos. Os pensamentos geram as emoções, que geram novos pensamentos e assim sucessivamente.

Bons pensamentos produzem emoções que curam, harmonizam, plenificam, produzindo saúde psicofísica. Pensamentos inferiores dão origem a emoções perniciosas que, desarticulando as engrenagens sutis do períspirito – o corpo espiritual da alma –, afetam o equilíbrio orgânico.

A grande conquista espiritual que a Humanidade terrestre precisa realizar é o domínio e a sublimação de seus próprios pensamentos e emoções, através de uma profunda transformação espiritual.

Por meio de uma real espiritualização, o ser humano assume as rédeas de sua vida emocional – autonomia moral e psicológica –, passando a ser quem realmente gerencia e conduz sua evolução. Expressiva parcela dos espíritos encarnados na Terra ainda é dominada pelas diversas forças sombrias do pensamento materialista e da espiritualidade inferior.

Através da renovação das paisagens pela reforma íntima consciente, renovaremos as paisagens sofridas do planeta. A maior miséria do ser é de fato a miséria moral.

Fala-se, há muito, em inteligência emocional, mas a humanidade terrestre carece na verdade de uma inteligência espiritual. Nesse sentido, a Doutrina Espírita tem muito a oferecer a todos os indivíduos que buscam e clamam por paz, saúde e plenitude.

16. O GRAVÍSSIMO PROBLEMA DA IMPULSIVIDADE

— *Há uma questão muito séria na vida humana que é fonte de inúmeros problemas, gostaria de ouvi-la a respeito. Estou falando da impulsividade. Quantas vezes dizemos palavras negativas a alguém e depois nos arrependemos profundamente? Quantos relacionamentos já destruímos com atitudes impensadas? Quantos amigos já se afastaram de nós por conta de nosso temperamento, de nossa impulsividade?*

"Somos donos das palavras que não falamos e escravos das que pronunciamos"[31]*. Então, algumas palavras infelizes podem destruir um dia inteiro, um final de semana, ou até toda uma relação.*

Poderia dizer algo sobre a impulsividade para que reflitamos e estudemos mais dedicadamente esse tema tão fundamental para o bem-estar das relações humanas?

— Com o maior prazer. Realmente essa questão é essencial a todos.

A impulsividade atinge mais da metade da humanidade terrestre. Ela nasce, em realidade, a partir de um complexo de inferioridade. Ser dominado pela impulsividade é, de fato, perder o foco da verdade espiritual. É ser controlado por forças inconscientes do ego.

Cada episódio desagradável vivido gera, na maioria das pessoas, uma reação imediata, quase sempre infeliz, desastrosa e destrutiva.

---
31 Sigmund Freud, neurologista e criador da Psicanálise.

— *E como uma pessoa se torna impulsiva?*

— O ser se torna impulsivo quando carrega em si uma sobrecarga emocional inconsciente muito pesada, totalmente em desalinho, que o conduz a uma insegurança e, consequentemente, a uma competição.

— *Competição?*

— Todo evento suscita competição, disputa, necessidade de se sobrepor ao outro para preservar a si mesmo, a própria imagem.

Bem se vê que a impulsividade é uma manifestação do ego, ou seja, do ser identificado com a própria mente. Trata-se de uma tentativa do indivíduo de manter, equivocadamente, a sua autoestima, porque sente medo o tempo todo, sente que está em risco diante de situações que possam diminuir sua importância.

Uma questão importante que deve ser enfatizada é que, ser impulsivo limita profundamente a evolução emocional do indivíduo, mantendo-o incessantemente preso nos instintos primários e nas emoções mais densas.

A impulsividade é composta normalmente pelos fenômenos emocionais primários que assumem o comando dos indivíduos: medo, a ansiedade e a raiva. A consequência desastrosa desse mecanismo primitivo na vida das pessoas é a presença do sentimento de culpa pelas consequências danosas geradas no outro pela impulsividade.

A culpa extremada, por sua vez, não é o sentimento adequado para colaborar na renovação da criatura, pois conduz a tentativas de reparação quase sempre megalomaníacas, com sacrifícios excessivos e posturas arrogantes.

— *E há alguma solução?*

— Sempre há. A proposta iluminativa é de substituir o sentimento de culpa pelo senso de responsabilidade. Não somos culpados, somos responsáveis por aquilo que fazemos. O culpado espera castigo, o responsável busca corrigir e reparar os erros cometidos.

Normalmente o impulsivo fala o que pensa na hora, sem filtrar os elementos altamente destrutivos e depois se culpa profundamente. A culpa é a chaga aberta para os diversos tipos de adoecimentos, do mental ao físico.

O impulsivo afirma, na maioria das vezes, que está dizendo verdades sobre as pessoas, mas o problema é que quase sempre foca somente em aspectos negativos, na tentativa de humilhar, afetar e destruir. Ele pode até amar, mas não sabe cuidar, zelar, pois destrói, paulatinamente, as bases emocionais e afetivas dos seus relacionamentos.

Os espíritos nobres informam que o maior problema da criatura humana não é saber que tem que amar, isso todos já sabemos; o desafio é saber como amar, e isso implica sabedoria, estudo e reflexão continuados.

No fundo, o impulsivo sofre muito por conta de sua constante insegurança e seu orgulho acentuado. A impulsiva agressividade manifestada diante de certas situações são formas inconscientes de tentar preservar a si mesmo, desejando consciente ou inconscientemente ser respeitado por aquele que o desagrada.

O indivíduo impulsivo, em muitos casos, foi criado dentro de uma ideologia que propõe sempre dar o troco para vencer. Vencer significa superar o outro, destruir ou dominar o inimigo. Dizer sempre a última palavra. Definir a situação. O impulsivo não conhece as diretrizes libertadoras do Evangelho de Jesus que propõe dar a outra face, andar a segunda milha, ceder para o amor vencer.

Emmanuel, pela psicografia abençoada de Chico Xavier, afirma que "a vitória real é a vitória de todos."[32] Isso não é aceito pelos orgulhosos.

— *Qual seria a principal orientação aos impulsivos?*

— Antes de qualquer palavra, qualquer ação, qualquer atitude, pare e pergunte-se com muita seriedade: "E depois? Como estarei depois? Quais serão as consequências dessas palavras?"

A impulsividade humana tem sido a causa de inúmeras dores e sofrimentos na Terra. Deve, portanto, ser objeto constante de estudo e análise, conduzindo a todos no caminho da vigilância rumo à paz imperturbável. A verdadeira reforma íntima passa obrigatoriamente pelo estudo dedicado desse mecanismo sutil e pernicioso do ego ancestral[33].

A proposta do Evangelho é um desafio ao orgulhoso, vai contra as bases do egoísmo humano. E somente quem lutar essa batalha interior com as armas da luz – a paciência, a tolerância e o perdão – alcançará a plenitude com Deus.

---

32 *Palavras de vida eterna* - cap. 64, Emmanuel, Chico Xavier.

33 Conjunto de tendências inferiores, resultantes da identificação do ser com a matéria ao longo das reencarnações.

17. OVERDOSE DE INFORMAÇÕES

— *Pelo que tenho constatado ao longo dos estudos e reflexões que realizo, um dos problemas centrais da criatura humana, na atualidade, é a absurda aceleração dos processos mentais. Já escrevi livros sobre o tema, entre eles os livros Liberte-se da sua mente e Mente limpa[34]. Poderia nos falar algo mais sobre o que tem acontecido com as mentes humanas?*

— Perfeitamente! Mas antes, preciso esclarecer que, com relação à escrita dos livros, você só foi o canal para minha manifestação. Mas, voltando à sua pergunta posso dizer de forma bem direta, que a humanidade tem sofrido uma overdose de informações. Vivemos um tempo em que tudo é rápido, acelerado. Não temos mais aquela vida artesanal, feita com cuidado e zelo. Tudo é para agora, quando não para ontem. Desde a Revolução Industrial e a sua transição para novos processos de manufatura no período entre 1760 a algum momento entre 1820 e 1840, tudo foi ficando cada vez mais rápido, mais acelerado, mais estressante.

Diria, sem exagero, que a sociedade vive, atualmente, um estresse crônico coletivo, provocado por excessos.

— *Excessos?*

— A mente humana está saturada de excesso de informação, de trabalho, de preocupações, de compromissos, de cobranças, de atividades as mais diversas. Excesso de televisão, de computador e, principalmente, de celular.

---

34 *Mente limpa*, Rosano Sobrinho.

Muitas pessoas estão passando o dia inteiro mergulhadas em seus celulares. Não é um exagero o que estou dizendo, é uma realidade. E um detalhe, importante, por conta do vício do celular, é que elas não estão conseguindo realizar com êxito e satisfação outras atividades como leitura, exercício físico, diálogos em família ou uma visita a um parente.

Uma imagem, ao mesmo tempo cômica e trágica, foi amplamente divulgada nas próprias redes sociais, mostrando a visita de uma família inteira – pai, mãe e filhos – à avozinha bem idosa. Todos compenetrados nos celulares, em silêncio, e a avó na mais profunda solidão junto a eles.

Quem, por exemplo, consegue ler um livro com o celular ao lado pipocando mensagens? Ninguém consegue concentrar em uma leitura e lidar com a própria curiosidade de saber quem está mandando mensagem. A situação é crítica, para não dizer assustadora!

— *Sem contar que estamos conectados ao mundo, mas ao mesmo tempo, nos sentindo solitários. Nunca nos comunicamos tanto e, paradoxalmente, nunca estivemos tão desconectados afetivamente uns dos outros. Podemos ter 5.000 amigos no Facebook e seguir até 7.500 pessoas no Instagram, mas nunca estivemos tão sozinhos.*

— Há poucos anos, as pessoas, para se encontrarem, tinham dia, hora e local definidos. O encontro era algo importante, esperado e saboreado palavra por palavra. Hoje, não. Muitos indivíduos, principalmente os jovens, passam o dia inteiro no celular, conversando com supostos amigos o tempo todo, habitando as redes sociais com uma dedicação que nunca destinaram a outras tarefas; mas suas relações são quase sempre superficiais e vazias.

A vida perdeu seu aspecto artesanal e humano. Não estamos fazendo as coisas com a mesma atenção e dedicação de antes.

O excesso de estímulos audiovisuais tem conduzido a mente a estados muito acelerados, agitados, produzindo níveis de insatisfação e ansiedade insuportáveis. A depressão, que hoje atinge larga faixa da sociedade, embora de caráter multifatorial, em muitos casos, surge como uma consequência dessa overdose de informações e estímulos.

— *Pelo que tenho percebido, as crianças também têm sido excessivamente expostas a muitos estímulos audiovisuais, principalmente através dos jogos eletrônicos. Quais as consequências disso para a mente infanto-juvenil?*

— Jogos eletrônicos, quando jogados excessivamente, aceleram em demasia os pensamentos, tornando as crianças agitadas, ansiosas e, ao mesmo tempo, desconcentradas.

— *Deve, portanto, haver um equilíbrio!*

— Crianças e adolescentes têm se apresentado cada vez mais instáveis emocionalmente, irritadiços e intolerantes porque, interiormente, estão inquietos e insatisfeitos; e isso tem a ver com a excessiva exposição da mente a estímulos audiovisuais das mídias em geral, mas, principalmente, dos aplicativos. E a superestimulação do processo de construção dos pensamentos é uma das piores coisas que se pode fazer à infância e à juventude.

Para piorar ainda mais esse processo tão danoso, as famílias têm sobrecarregado as crianças com excessivas atividades escolares, aulas de música, balé, pintura, esportes. etc., como se isso fosse positivo. Claro que uma criança pode sim aprender música ou dança, mas precisa também de brincar, relaxar, aprender a fazer coisa nenhuma, a sentir o prazer de contemplar uma paisagem, observar a natureza, namorar um jardim de flores, contemplar o pôr-do-sol, sentar e sentir a vida, conversar calmamente com os pais, enfim, entrar em comunhão com a beleza do existir.

Precisamos aprender a sentir a vida, o existir, não apenas a fazer coisas.

— *Além dessa aceleração psíquica, teria algum outro elemento negativo, presente nos jogos e outros aplicativos desta mesma natureza?*

— Sim. Em determinados jogos eletrônicos há um universo de imagens tenebrosas, que podem induzir uma violência predisposta, produzindo emoções tóxicas e alimentando ainda mais a psicosfera dos lares de negatividade.

— *A questão não é muito levada a sério, mas é grave!*

— As imagens e cenas de violência e terror vistas em jogos, filmes e outras meios, se acumulam no subconsciente dos jovens, podendo fazer aflorar posturas agressivas e desequilibradas. Imagens de zumbis, vampiros, vítimas ensanguentadas e armas de todo tipo, têm feito parte da mente de muitas crianças e jovens, e isso é extremamente preocupante, por serem portadoras de uma energia espiritual degradante, perturbadora e tóxica.

Pesquisas têm demonstrado que os jogos eletrônicos podem viciar. Os jovens pré-dispostos ao vicio se tornam verdadeiros escravos psíquicos, se sentindo bem apenas quando jogam. Dez por cento desses jogadores se tornam dependentes, carecendo de tratamento especializado.

Os estímulos oferecidos por muitos desses jogos produzem a liberação do neurotransmissor dopamina no cérebro. A dopamina está associada à sensação de prazer, presente na manutenção dos vícios.

18. TRANSMUTANDO O ENERGISMO DO INCONSCIENTE

— *Estudos psicológicos e psicanalíticos nos falam do inconsciente como sendo um repositório de todas as experiências passadas da criatura humana. Sabemos que esse conteúdo inconsciente não guarda apenas material de uma vida, mas de várias reencarnações. Considerando que o espírito já viveu diversas vidas na Terra, ou até em outros mundos, e aglomerou denso material psíquico nesse passado tão longo, como reciclar ou transmutar essas energias pesadas do inconsciente?*

— Imaginemos um vasilhame com água suja e contaminada. Na medida em que vamos derramando nesse vasilhame água limpa e pura, paulatinamente a água contaminada vai saindo e dando lugar ao líquido purificado. Assim é nosso inconsciente.

O apóstolo Pedro teve oportunidade de afirmar que "*o amor cobrirá a multidão de pecados.*"[35], e isso nos faz compreender que o bem que se faz anula o mal que se fez.

Se faz necessário que a pessoa realmente seja dedicada em limpar o lixo psíquico, processo esse que chamamos de reforma íntima ou transformação moral.

Pensamentos pessimistas, mesquinhos e agressivos precisam ser substituídos pelo sentimento de fraternidade, pela humildade e pelo desejo de servir. Como é importante nutrir na alma um ideal de elevação!

---

35 I Pedro 4:8.

É fundamental que o ser humano tenha consciência de sua evolução espiritual, compreendendo que não se encontra na Terra apenas em um jogo de interesses ou num parque de diversões. Que pode brincar sim, se descontrair sim, relaxar sim, mas que, sobretudo, deve prosseguir dedicadamente na busca por valores superiores, rumo à conexão com Deus.

A prática de uma leitura edificante, principalmente no campo do autoconhecimento e da espiritualidade, a participação em palestras, seminários e estudos sobre a espiritualidade, a dedicação ao Bem em todos os departamentos da vida, da família à profissão, constitui ferramentas poderosas no processo de reciclagem da energia pesada e acumulada no inconsciente.

Ao pacificar o turbilhão condicionado de pensamentos e emoções da mente as energias conscienciais de paz brotarão naturalmente da intimidade do ser, conduzindo-o a dias muito melhores no caminho da satisfação e da plenitude.

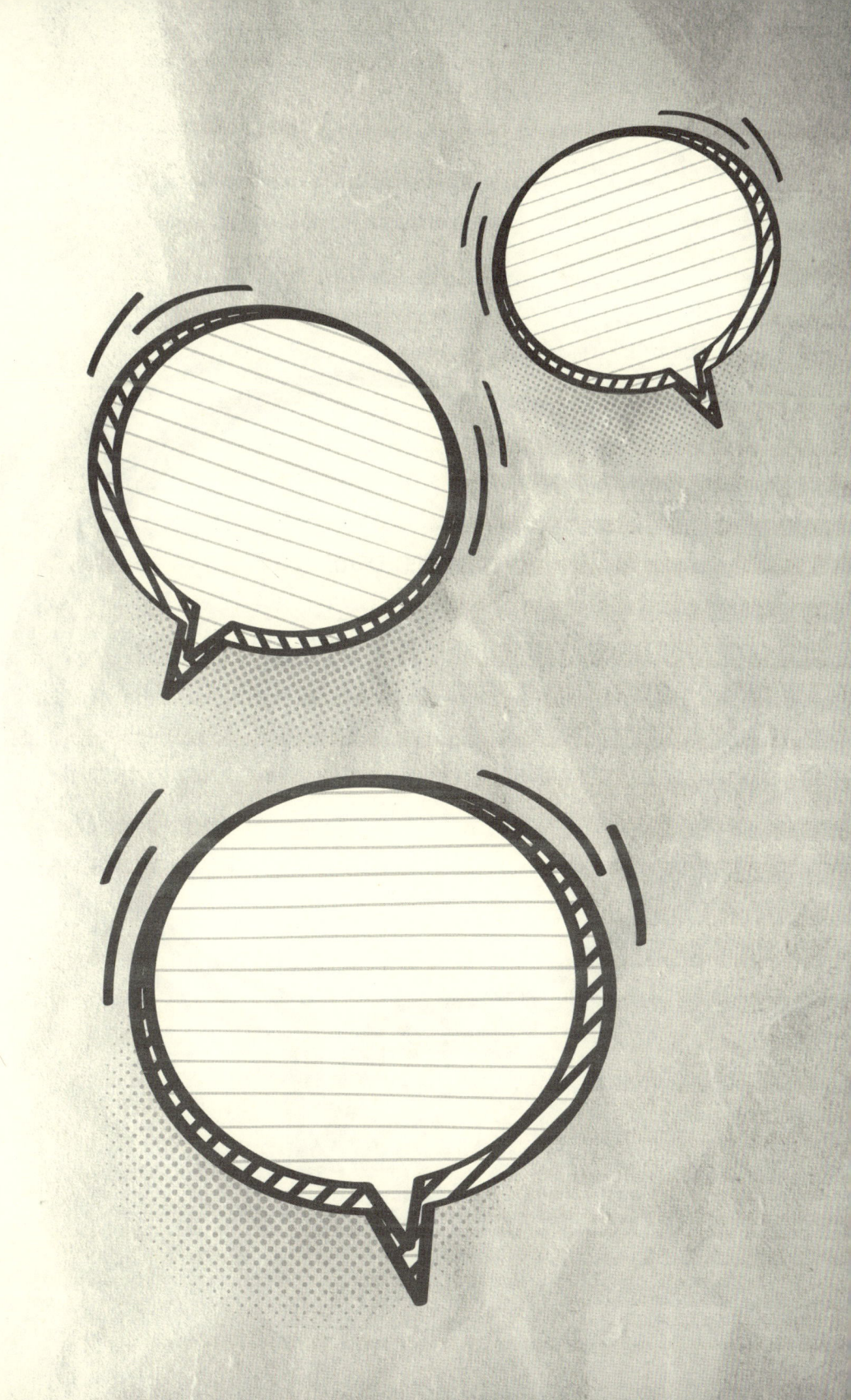

PARTE DOIS

SAÚDE

1. CONCEITO PROFUNDO DE DOENÇA

— *Acho que já podemos conversar sobre um segundo tema que você propôs para o livro.*

— Perfeitamente! Trataremos do binômio saúde/doença.

— *Poderia nos falar qual o conceito básico de doença do ponto de vista da consciência?*

— Sempre que a criatura humana age de forma contrária à Lei de Amor, Justiça e Caridade, que nos conduz à evolução contínua, seja por falta de conhecimento ou por rebeldia espiritual mesmo, ocorre, como consequência, um bloqueio das energias que emanam da consciência profunda. Essas energias mantêm a vida e o equilíbrio do todo, inclusive do cosmo orgânico. Seu bloqueio produz um desequilíbrio energético do corpo fluídico do espírito, o períspirito, afetando a saúde mental e física da pessoa.

— *Tudo começa no espírito, na consciência?*

— Sim. Distante da Lei Divina, todo ser estará propenso à doença e em desarmonia. Por isso não se tem registro de que Jesus adoeceu. Ele, na condição de Modelo e Guia da Humanidade, caminhou entre doentes de todo gênero, curando-os inclusive, na mais perfeita saúde psicofísica.

— *A energia que emanava de Jesus...*

— Era a energia da consciência divina, plenamente manifestada nele.

— *Um dia todos também curaremos como Jesus?*

— Ele disse: "*Vós sois deuses, podeis fazer o que faço e muito mais.*[36]"

— *Seremos um dia Cristos?*

— Em potencial já somos cristos, falta-nos romper a couraça do ego e acessarmos o poder que todos trazemos no imo da alma. Como esclareceu Jesus, citando o Salmo 82 das *Antigas Escrituras*, "somos deuses".

— *Para muitos Jesus é Deus e jamais seríamos como ele...*

— As teologias humanas divinizaram Jesus, o transformaram no próprio Deus e isso o afastou ainda mais dos homens. Desse modo, seus exemplos passaram a ter menor valor, porque "ele fez o que fez por ser Deus, já nós não podemos porque somos seres pecadores" – eis a desculpa de muitos.

Essa divinização retira Jesus da condição de Modelo Consciencial para a humanidade. E isso é lamentável. Jesus veio do futuro! Jesus é o futuro da criatura humana, está muito à nossa frente, do ponto de vista espiritual.

Como já disse antes, trancafiamos Jesus no Céu para vivermos como gostamos e queremos viver na Terra. Para muitos ele é muito bom no Céu, não para caminhar lado a lado nas experiências terrenas. Carregamos Jesus com facilidade no pescoço, nos dedos, em cordões e anéis, nem sempre, porém o desejamos conosco, no dia a dia de nossas vidas.

— *Por que as doenças existem?*

---

36 João 10:34.

— Deus é perfeito! Nada existe na vida universal sem uma finalidade maior. A dor de hoje é a libertação de amanhã. As doenças alertam as criaturas sobre suas práticas e vivências distanciadas da Lei Divina. São mecanismos de alerta, sinalizações superiores. Toda doença conduz o indivíduo para dentro de si mesmo, afastando-o das ilusões, dos descaminhos. Desenvolvendo esse auto-olhar, o indivíduo iniciará seu processo de cura real.

— *Mas toda doença tem uma função disciplinadora?*

— Eu diria que toda doença tem uma função estimuladora do progresso e da libertação do ser espiritual. Até os animais adoecem. O princípio espiritual também está realizando sua evolução e adoece porque também está em processo de desenvolvimento anímico.

— *Os que nascem doentes se distanciaram da Lei em outras vidas?*

— No livro psicografado por Chico Xavier, Emmanuel esclarece que:

> *"[...] as enfermidades congênitas nada mais são que reflexos da posição infeliz a que nos conduzimos no pretérito próximo, reclamando-nos a internação na esfera física, às vezes por prazo curto, para tratamento da desarmonia interior em que fomos comprometidos. Causas amargas de mutilações e doenças são guardadas na profundeza de nosso campo espiritual."*.[37]

---

37 *Pensamento e vida*, capítulo 14, Emmanuel, Chico Xavier.

2. CONCEITO PROFUNDO DE SAÚDE

— *Poderia nos apresentar conceitos de saúde à luz da consciência?*

— No *Dicionário de Termos Técnicos de Medicina e Saúde*[38], organizado por Luís Rey, há conceitos bem abrangentes:

> *"Saúde é uma condição em que um indivíduo, ou grupo de indivíduos, é capaz de realizar suas aspirações, satisfazer suas necessidades e mudar ou enfrentar o ambiente. [...] É um estado caracterizado pela integridade anatômica, fisiológica e psicológica; pela capacidade de desempenhar pessoalmente funções familiares, profissionais e sociais; pela habilidade para tratar com tensões físicas, biológicas, psicológicas ou sociais, com um sentimento de bem-estar e livre do risco de doença ou morte extemporânea. É um estado de equilíbrio entre os seres humanos e o meio físico, biológico e social, compatível com plena atividade funcional".*

Em síntese, podemos afirmar que saúde é a presença da harmonia em todos os departamentos da vida humana: biológico, psicológico, econômico, familiar, profissional e social. E isso somente é possível, quando o ser está em sintonia com os valores espirituais superiores, em conexão com sua realidade transpessoal e profunda.

---

38 *Dicionário de termos técnicos de medicina e saúde*, Luis Rey.

— *Ser realmente saudável...*

— É viver bem em todos os sentidos. Somos filhos do Amor, que é Deus. Toda vez que nos distanciamos do amor, em qualquer de suas múltiplas expressões, adoecemos.

Numa conceituação espírita, saúde é o funcionamento e a interação harmoniosa entre elementos que compõem o ser humano:

- Espírito (energia consciencial).
- Perispírito (energia modeladora)
- E o corpo físico (energia condensada).

A definição de doença, segundo o paradigma espírita, é toda disfunção e desajuste que altera o funcionamento harmônico na interação desses elementos.

Há uma abordagem singular do espírito Joanna de Ângelis sobre saúde. Diz a benfeitora:

> *"A saúde integral, a paz, a alegria interior resultam da lucidez mental, que elege os atos corretos para a existência modeladora da ascensão. Enquanto não se convençam as criaturas de realizar o equilíbrio, a homeostasia ideal entre o psiquismo e o corpo físico, debater-se-ão nas malhas de qualquer tipo de sofrimento. Advertência ao desvio da linha de harmonia, ele se apresenta em forma de energia comprometida, bloqueada ou desequilibrada,*

facultando a instalação de doenças, de desares, de padecimentos de qualquer natureza."[39]

— Há uma homeostasia ideal entre o psiquismo e o corpo?
— Primeiro, vamos explicar ao leitor o que é homeostasia. Homeostase é a tendência presente em alguns organismos para o equilíbrio e conservação de elementos fisiológicos e do metabolismo através de alguns mecanismos de regulação. Um organismo está em homeostasia quando substâncias químicas estão em concentrações adequadas, a temperatura é estável e a pressão é apropriada.

Esse fenômeno foi analisado e descrito pela primeira vez pelo fisiologista francês Claude Bernard e posteriormente foi estudado com mais profundidade pelo fisiologista estadunidense Walter Cannon.

No âmbito da biologia, a homeostasia consiste no processo de regulação através do qual um organismo consegue manter o seu equilíbrio. É caracterizada pela sua estabilidade e pela sua imprevisibilidade, porque uma ação pode ter um efeito oposto ao esperado.

No organismo humano é possível identificar vários tipos de homeostasia. A homeostasia hídrica ou osmorregulação[40], acontece nos rins e significa a regulação da água dentro do corpo. Quando a osmorregulação é feita pelo fígado e

---

39 *Plenitude*, Joana de Ângelis, Divaldo Franco, capítulo 8.
40 Controle das concentrações de sais nos tecidos ou células vivas a fim de manter as condições adequadas à atividade metabólica.

pâncreas, com segregação de insulina, serve para regular os níveis de glicose no sangue. A homeostasia térmica é uma forma de controle da temperatura do organismo que é feita através da pele e da circulação sanguínea. O ambiente externo, quando sujeita o corpo a temperaturas mais baixas, provoca algumas alterações. Nesse momento, o corpo usa mais energia para manter a temperatura e em situações extremas de frio envia mais sangue para a região dos órgãos vitais, sendo que os braços e pernas, por serem menos importantes, ficam mais prejudicados.

Há também a homeostasia psicológica que consiste no equilíbrio entre as necessidades afetivas e emocionais de um indivíduo e o suprimento delas. Quando essas necessidades não são supridas, acontece uma instabilidade interior, provocando alterações comportamentais.

A homeostase ideal entre o psiquismo e o corpo é o equilíbrio da mente, dos pensamentos e emoções, harmonizando os *chacras* e, consequentemente, o funcionamento das glândulas, dos órgãos, aparelhos e sistemas.

— *Interessante! Deixa-me ver se entendi e se consigo unir alguns conceitos apresentados nos ensinamentos anteriores para compreender a homeostasia ideal, num sentido mais amplo.*

Do ponto de vista consciencial, se o indivíduo não conseguir fazer uma conexão com seu eu interior, ou seja, com a Fonte Divina presente dentro de todos os seres, não realizará uma homeostasia psicológica ideal porque estará sempre necessitado, carente, insatisfeito, ansioso em demasia, abrindo portas para processos de tristeza, depressão, vícios, desregramentos e doenças diversas, já que o corpo sempre somatiza e manifesta o desalinho do espírito. É isso?

— Sim. É isso! Sem conexão com a consciência profunda não haverá homeostasia psicológica e espiritual. Haverá sempre carência e desajuste, desequilíbrio e doença. Nesse sentido é que podemos dizer, como já comentamos, que a fé está na base da saúde física e mental. Distante de Deus não pode haver harmonia alguma.

3. AMAR SOMENTE A DEUS?

— *Numa leitura consciencial, alguns antigos textos sagrados ganham uma profundidade ainda mais singular. No capítulo 20 de Êxodo, do Antigo Testamento, encontramos a seguinte advertência:*

> *"Não farás para ti nenhum ídolo, nenhuma imagem esculpida, nada que se assemelhe ao que existe lá em cima nos céus, ou embaixo na terra, ou mesmo nas águas que estão debaixo da terra. Não te prostrarás diante desses deuses e não os servirás, porquanto Eu, o SENHOR teu Deus, sou um Deus ciumento, que puno a iniquidade dos pais sobre os filhos na terceira e na quarta geração dos que me odeiam, mas que também ajo com amor até a milésima geração para aqueles que me amam e guardam os meus mandamentos."*[41]

Não é que Deus seja ciumento no sentido profundo do termo. É que, em primeiro lugar, devemos fazer a conexão com nossa essência, onde Deus está; com nossa consciência, que é a Sua manifestação em nós, e aí sim encontraremos harmonia com a vida, os outros seres e o Universo.

— Exato! Jesus também falou disso com outras palavras: *"Buscai primeiramente o reino de Deus e sua justiça e todas as demais coisas vos serão acrescentadas."*[42]

---

41 Êxodo 20:4-6.
42 Mateus 6:33.

Claro que o Evangelho de Jesus nos conduz para o outro, afasta-nos do eu egocêntrico, propondo o amor ao próximo em nossa vida social, mas, principalmente, sem perdermos a conexão com nossa essência, com nosso Eu divino.

— *Sei que o tema deste capítulo é saúde, mas gostaria de fazer uma pergunta, mais de caráter doutrinário-teológico, que a questão abordada suscitou em mim. Há uma música gospel, cantada em muitas igrejas, que diz em um de seus versos, referindo-se à relação do crente com o Criador: "Quero amar somente a Ti!" Esse verso é coerente?*

— Não há nenhum problema em sua pergunta sobre esse tema. Este livro é uma conversa, um diálogo, e poderão surgir os mais diferentes assuntos ao longo de nossa prosa. Se fosse para colocar um título bem mineiro neste trabalho eu colocaria *Uma Prosa Bem Gostosa com a Consciência*. (risos)

Sua pergunta tem muito a ver com o próximo capítulo, quando trataremos de *relacionamentos*, mas podemos abordá-la, aqui, preparando nossos leitores para as reflexões que virão.

Vamos, então, à questão!

É importante compreendermos que toda doença da alma, do corpo e do espírito, no fundo, nasce do adoecimento de nossas ideias. Precisamos, portanto, cuidar da saúde de nossos pensamentos, que formam nossas ideias e, posteriormente, os nossos ideais.

Realmente esse verso da música, no sentido como é trabalhado, não está em sintonia com o Evangelho de Jesus. A não ser que consideremos esse sentido mais profundo: "Deus presente em todos os seres".

Por mais que gostemos da melodia, que as pessoas se emocionem, Jesus nos propõe: amar a Deus, a nós mesmos e ao nosso próximo. Não somente a Deus.

Alguns poderão argumentar que o verso é uma força de expressão, apenas uma liberdade poética que não pode ser levada ao pé da letra, mas a questão é mais complexa. Mensagens sutis desse tipo, aparentemente sem problema e até positivas, podem conduzir a fanatismos e até a equívocos muitas vezes infelizes. Por conta de mensagens desse gênero, hoje encontramos religiosos tão fanatizados por seus templos, seus líderes e dogmas, e tão distanciados dos necessitados, das minorias, dos sofredores do caminho e até de suas próprias famílias. Acreditam que amar a Deus é amar determinadas organizações religiosas e seus instrutores.

Como a mensagem musical propõe amar "somente a Deus", ao identificarem suas igrejas com Deus, ou Deus nas suas igrejas, pode se esquecer de procurar o Cristo no doente hospitalizado, no faminto da estrada, no mendigo na rua, no irmão que caminha ao lado, na mãe idosa que merece atenção, no filho drogado que carece de tratamento, na esposa ou esposo carente de afeto; amando somente a estrutura religiosa a que servem com todas as forças do ego ancestral. Isso não é Cristianismo, e isso pode levar até ao fanatismo!

— *E Jesus deixou um grande alerta sobre essa questão há dois mil anos na Parábola do Bom Samaritano.*[43]

---

43 Lucas, 10:25-37.

— Bem lembrado. Podemos observar que tanto o sacerdote quanto o levita eram personagens vinculados às atividades de adoração a Deus dentro do templo. Jesus os escolheu para a parábola por saber que eles estavam mais preocupados com seus compromissos formais religiosos que com a vivência do verdadeiro amor ao próximo.

Já o samaritano, personagem que prestou socorro ao homem ferido, representava um grupo odiado pelos judeus na época de Jesus.

Os judeus consideravam os samaritanos impuros por eles terem seu próprio templo no monte Gerizim, na região de Samaria, não adorando a Deus no grande templo de Jerusalém; e por acreditarem que eles haviam distorcido a lei de Moisés. Esse foi o personagem eleito pelo Mestre para compor a parábola, exercendo o amor fraterno em plenitude, amando, assim, o Deus verdadeiro presente no homem caído na margem do caminho.

No *Novo Testamento*, também encontramos uma mensagem que sintetiza e equaciona perfeitamente este assunto

> *"Se alguém diz: Eu amo a Deus, e odeia a seu irmão, é mentiroso. Pois quem não ama a seu irmão, ao qual viu, como pode amar a Deus, a quem não viu? E dele temos este mandamento: que quem ama a Deus, ame também a seu irmão."*[44]

---

44 I João, 4: 20 e 21.

Por tudo isso, Jesus esclareceu que o segundo mandamento – Amar o próximo como a si mesmo. – é semelhante ao primeiro – Amar a Deus sobre todas as coisas.

— *Há muita gente seguindo um Jesus criado e pregado "à moda da casa".*

— Fato!

4. CHACRAS E SAÚDE

— *Você mencionou os chacras... O que são exatamente? Que relação eles têm com a saúde humana?*

— Eles são centros de força que existem no corpo fluídico do espírito, também chamado de perispírito. Chacra em sânscrito significa círculo. Eles funcionam em movimentos circulares, captando as energias disponíveis no universo, vitalizando primeiramente o corpo fluídico e depois o organismo físico.

— *Alguma área de estudo da saúde humana considera a função deles?*

— Pesquisas sobre acupuntura têm confirmado a existência dos *chacras*. Os pontos de acupuntura são, na verdade, microchacras, vinculados aos chacras principais por canais de energia.

— *Quais são os principais? E quais suas funções em nosso equilíbrio emocional?*

— São sete os principais *chacras*. Eles estão localizados em uma linha vertical que sobe da base da coluna até a cabeça. Quando fora do ritmo normal de funcionamento, podem apresentar uma hipoatividade um funcionamento lento, ou uma hiperatividade, funcionando aceleradamente. Em cada polaridade haverá um desequilíbrio na dimensão mental e emocional do indivíduo. Alcançar o ponto de equilíbrio no funcionamento desses centros de força é alcançar a saúde mental, energética e orgânica.

1. **Chacras Básico** – Situado na base da espinha dorsal, o chacra básico está relacionado com o poder criador da energia sexual.
Hipoatividade: Insegurança.
Hiperatividade: Temeridade.
Atividade natural: Segurança.

2. **Chacra Genésico** – Situa-se logo abaixo do umbigo, possui estreita relação com as glândulas sexuais. Gerencia as atividades do sexo e da libido.
Hipoatividade: Desprezo ao prazer (puritanismo).
Hiperatividade: Apego ao prazer (sensualismo)
Atividade natural: Prazer.

3. **Chacra Gástrico** – Situa-se na região do estômago. Corresponde ao plexo solar. Regula a manipulação e a assimilação dos alimentos orgânicos. Influi sobre nossas emoções. Seu mau funcionamento produz disfunções vegetativas.
Hipoatividade: Impotência.
Hiperatividade: Onipotência/prepotência.
Atividade equilibrada ou natural: Poder.

4. **Chacra Cardíaco** – Localiza-se na região do coração. Está vinculado às nossas emoções. Sua ativação amplia os sentimentos. Também interfere na circulação sanguínea.
Hipoatividade: Indiferença.
Hiperatividade: Apego.
Atividade equilibrada ou natural: Amor.

5. **Chacra Laríngeo** – Responsável pela manifestação da palavra. Situa-se junto à garganta. Também tem ligação com as atividades do timo, da tireóide e paratireóide.
   Hipoatividade: Desprezo ao conhecimento.
   Hiperatividade: Abuso do conhecimento.
   Atividade equilibrada ou natural: Conhecimento.

6. **Chacra Cerebral** – Situa-se na região da fronte e gerencia as atividades intelectuais. Tem relação com a hipófise, a glândula responsável pelo concerto endócrino. Também é responsável pela vidência mediúnica e pela intuição.
   Hipoatividade: Ceticismo.
   Hiperatividade: Misticismo.
   Atividade equilibrada ou natural: Inspiração.

7. **Chacra Coronário** – É o centro de força de ligação com a dimensão espiritual. Fica situado no alto da cabeça e influencia os demais chacras. Tem estreita ligação com a epífise (glândula pineal), a glândula da vida mental. Por isso é de grande importância para as faculdades mediúnicas ou sensitivas.
   Hipoatividade: desprezo às funções psíquicas.
   Hiperatividade: abuso das funções psíquicas.
   Atividade equilibrada ou natural: Transcendência.

As energias recebidas pelos *chacras* estimulam os sistemas nervoso e endócrino a produzirem secreções hormonais que promovem a atividade dos órgãos do corpo físico.

O funcionamento harmônico deles, a vivência das virtudes propostas pelo Evangelho, é fundamental para o equilíbrio das funções psíquicas e orgânicas, por meio da qualificação e manutenção das energias recebidas.

— *Então, quando se está desanimado ou mesmo em depressão, ou quando se está irritado, por exemplo, pode estar acontecendo algo específico no funcionamento dos chacras?*

— Sem dúvida. A energia vital circula através deles. Se houver algum bloqueio, acúmulo ou carência de energia, podemos apresentar quadros emocionais diversos, da depressão à irritabilidade.

5. SAÚDE E AUTOESTIMA

— *Poderia nos falar de elementos que nos afastam da Fonte Criadora – a Consciência Divina – geradora de saúde e bem-estar?*

— Claro. Antes, porém, gostaria de dizer que cada vez mais percebo que você está conseguindo captar o que desejamos passar para os nossos leitores. Você está aperfeiçoando seu canal de conexão comigo. Tem sido um médium relativamente dedicado de sua consciência.

— *Alguns leitores poderão dizer que neste ponto da escrita ocorreu uma falha minha na captação da mensagem. Houve uma interferência do ego. Vão dizer que é vaidade minha! Uma manifestação sombria da minha personalidade.*

— E você ainda se preocupa com isso? Depois de mais de vinte livros escritos e publicados?

— *Não, não mais. Já sofri um pouco. Principalmente no início das singelas tarefas espirituais abraçadas. Achei que fosse encontrar o reino dos Céus no Movimento Espírita.*

— Santa inocência! Todo movimento humano é um laboratório de almas. Tenho certeza de que você tem aprendido muito no convívio com os irmãos, principalmente com os *irmãos-inimigos*.

— *Verdade. De fato, os poucos que percebo me ajudam muito a me observar melhor, a realizar, periodicamente, uma autoanálise, e isso é fundamental a qualquer trabalhador da espiritualidade. Mas não é fácil! Muitas vezes estamos realizando uma atividade com o coração entregue, com dedicação, mas os ataques vêm do mesmo jeito.*

— Não vem chorar as mágoas comigo não! Se não quisesse receber críticas era só não escrever os livros. Fique em casa vendo televisão de pernas pro ar, assistindo novelas; vai jogar futebol, depois faz um churrascão para os amigos banhado com bastante cerveja; vai jogar conversa fora no bar da esquina. Fique lendo e compartilhando mensagens inúteis o dia inteiro nas redes sociais. Você não terá nenhum problema com críticas ácidas de gente bem intencionada.

Eu apenas pedi a você para separar algum tempo para escrita dos livros, não impus nada. Se quiser parar a gente para agora.

— *De jeito nenhum. Amo escrever! Foi apenas um desabafo rápido. Recebi orientações no início das tarefas para seguir com silêncio e trabalho. Tenho procurado fazer isso, mas tem hora que pesa, afinal ninguém é de ferro.*

— Só não perca tempo demais se lamentando. Há tanta coisa útil e maravilhosa para se fazer na vida. Quem está entregue ao trabalho sério não tem tempo nem para se defender. Valorize seu trabalho, dedique-se a ele com amor e carinho, e reconheça seu valor, examinando sempre com honestidade o *campo das intenções*. Isso basta!

— *Reconhecer o próprio valor, na medida certa,* não é vaidade?

— Não, não é. É autoamor, autoestima positiva, que também são elementos essenciais para a saúde. Os espíritas precisam deixar um pouco de lado essa ideia de que tudo é vaidade.

Reconhecer algumas conquistas não é vaidade, é consciência de si mesmo.

Há muita vaidade velada, travestida de humildade e, isso, sim, é lamentável. Há pessoas que adoram ser percebidas como humildes, caridosas, mansas, mas em realidade não são. São máscaras do ego. Quem realmente é não faz pose de santo. Simplesmente é. Não se preocupa em parecer isso ou aquilo. Não ora baixinho com voz trêmula para apresentar santidade. É espontâneo, natural e verdadeiro.

— *Agora você foi dura!*

— Jesus também disse: "Raça de víboras!", "Sepulcros caiados de branco por fora." E era manso e humilde de coração. Há muita gente mansa e humilde por fora, não de coração. E não se preocupe com as críticas, elas nunca cessarão. Quando cessarem, cuidado! Você poderá estar a serviço das Trevas!

— *Entendi. Em alguns momentos do nosso diálogo percebo que você gosta de dar um toque mais espontâneo e popular à conversa.*

— Mas nada disso tira a seriedade do nosso trabalho, você sabe disso.

Um livro somente dissertativo não é fácil de ler. Uma ou outra história ou colocação mais pessoal ou informal prende a atenção do leitor. Facilita e estimula a leitura.

— *Engraçado você comentando a própria linguagem usada no livro.*

— Isso é um tipo de metalinguagem. O ser consciente observa a própria linguagem e a comenta; o inconsciente vive se afogando no rio caudaloso dos pensamentos condicionados e, consequentemente, na própria verborragia.

— *Verborragia?*

— Sim. Pessoas que falam, falam, falam, sem parar para analisar o que estão falando, como estão falando, como estão se expressando. Não aperfeiçoam a palavra, não cuidam nem do significante, ou seja, a palavra falada, nem do significado ou do conteúdo semântico das palavras. É algo muito perigoso!

6. O PERIGO DOS FALATÓRIOS

— *Perigoso?*

— Este é um dos temas mais significativos quando estamos estudando sobre aceleração mental. O excesso de conversações é extremamente prejudicial ao equilíbrio da mente. Evidente que as pessoas podem ter momentos de alegria, descontração, conversas animadas, nenhum problema nisso; o problema é quando as pessoas vivem mergulhadas diariamente em falatórios sem fim, em conversas agitadas, falando de tudo, dos mais variados assuntos do cotidiano, da vida alheia, num ritmo acelerado. Há aquelas viciadas em narrativas eternas!

— *Narrativas eternas?*

— Sim. Há pessoas que não conseguem dialogar, bater um papo, um fala o outro comenta, e a conversa segue saborosa, agradável, leve. Algumas pessoas viciam em contar casos, muitas vezes longos casos, saturando a conversa, não permitindo que o outro fale, comente, se expresse.

Se temos dois ouvidos e uma boca é porque precisamos aprender a ouvir o dobro do que falamos. E a mente precisa respirar. Ora estar voltada para fora, ora buscar o silêncio, a quietude, a meditação

— *E como alcançar o equilíbrio?*

— De várias maneiras. No último capítulo deste livro, por exemplo, estudaremos sobre a importância da meditação. É uma das coisas mais extraordinárias para a vida do espírito, a harmonia do ser integral.

— Realmente há pessoas que passam o dia inteiro falando.

— Na verdade estão apenas materializando em palavras a perturbação e a agitação de suas mentes.

— *Certa vez, quando fui realizar uma palestra na cidade de Vitória, no Espírito Santo, onde todo ano realizo uma série de atividades doutrinárias, assim que adentrei o perímetro urbano, deparei-me com um mendigo que passava à minha frente na faixa de pedestre falando sozinho. Ele dialogava, gesticulava, perguntava, respondia. Muitos espíritas poderiam interpretar aquele triste quadro como um processo obsessivo espiritual, influência de espíritos perturbadores. Sim, até poderia ser também, mas acredito que pelo menos 90% daquela conversação eram apenas manifestações de sua própria mente. O mendigo estava literalmente dominado por seus próprios pensamentos.*

— As pessoas vão alimentando suas mentes de tal forma com excesso de conversas, de informações, de preocupações, de inúmeros estímulos audiovisuais, quando percebem, estão plenamente dominadas pelas próprias mentes.

Esse é o grande controle sofrido por todos os humanos. O controle da mente sobre a consciência. Nada nos controla mais do que nossos pensamentos e emoções. Isso levou Buda a declarar que nem seus piores inimigos podem te causar tantos danos como seus próprios pensamentos.

Há casos, mundo a fora, de pessoas que esqueceram recém-nascidos dentro de carros, e muitos desses bebês vieram a desencarnar por conta do calor. Onde estavam esses indivíduos quando se esqueceram de seus filhos? Do bem mais precioso de suas vidas? Estavam, infelizmente, perdidos dentro dos próprios pensamentos, envolvidos pela ladainha mental interminável.

Não estamos aqui julgando, mas são pessoas muitas vezes, dominadas por suas mentes porque não exercitaram viver no momento presente quando realizavam as pequenas tarefas diárias. A mente é perigosa, muito perigosa! Ela ilude, engana e mente.

— *Os orientais dizem que a mente é Maya... ilusão.*

— Sim, a grande ilusão. Os falatórios amplificam o poder ilusório das mentes. Não me refiro apenas ao desequilíbrio da imaginação, que também ocorre, mas às pessoas viverem muito mais dentro dos falatórios mentais continuados, porque viciaram em falar, falar, autoacelerando-se psiquicamente, produzindo uma hipercinesia mental.

Com isso, os indivíduos vão perdendo paulatinamente a conexão com o prazer das pequenas tarefas, buscando cada vez mais experiências intensas para sentirem um pouquinho do prazer de viver.

7. A VERDADEIRA VIDA ESPIRITUAL

— *O que você quer dizer com o prazer das pequenas tarefas?*

— Estou falando do prazer nas pequenas coisas. As pessoas precisam descobrir urgentemente o prazer nas pequeninas atividades diárias: regar uma planta, lavar uma louça, tomar banho, alimentar-se, caminhar. Quando a mente desacelera, conseguimos sentir a beleza do agora nessas atividades triviais. Em tudo o divino está presente, Rossano, apenas a mente não tem olhos de ver. Somente a consciência pode ver, ou melhor, sentir a beleza da vida espiritual escondida por detrás das formas transitórias.

— *Pela primeira vez você me chamou pelo nome nesse nosso diálogo.*

— Sim. Somente para dizer que Rossano não é a essência que fala neste momento, Rossano é apenas a personalidade transitória desta reencarnação pela qual eu – você em profundidade – está se manifestando.

Todas as coisas do mundo físico são apenas rótulos – como o seu nome –, que ocultam a beleza das essências. Aquietar a mente é conectar-se às essências, à alma do mundo do espírito subjacente ao mundo das formas, dos rótulos, dos títulos.

— *Muitas pessoas têm curiosidade extremada pelo mundo espiritual. Desejam intensamente contato com os espíritos, participar de reuniões mediúnicas, realizar viagens astrais, visitar colônias espirituais, de preferência Nosso Lar (risos), etc.*

— Mas estão profundamente enganadas quanto à verdadeira vida espiritual. A vida espiritual real não é o mundo dos espíritos, das cidades espirituais, isso também é casca. A vida espiritual é a essência de tudo isso, seja no plano das formas densas ou no plano mais sutil da vida, que o professor Allan Kardec chamou de *erraticidade*, o mundo dos espíritos errantes.

Importante esclarecer que a palavra errante não significa aquele que erra, que se equivoca, mas sim aquele que não tem residência fixa.

— *Muitos acreditam que entrar em contato com a vida espiritual é manter contato com os seres desencarnados.*

— Não, não é. A vida espiritual verdadeira é a conexão com o divino em toda parte. É o mundo de dentro. O mundo espiritual é também o mundo de fora. Recordemo-nos sempre de Jesus: "*O reino de Deus está dentro de vós*"[45].

— *Perfeito!* Há muita gente iludida, inclusive dentro do próprio Movimento Espírita, buscando contato com os espíritos. *Acham que isso é a essência do Espiritismo. E não é. Espiritismo é um caminho de autoconhecimento, de autopercepção e de transformação moral.*

— Muitas dessas pessoas não fizeram contanto nenhum com o próprio espírito que são. Não se encontraram ainda. Mas adoram o maravilhoso, o fantástico, o fenômeno mediúnico. Mediunidade não é Espiritismo, o Espiritismo estuda e se utiliza da mediunidade, que pode ser de fato uma bênção,

---

45 Lucas, 17:21.

quando educada e guiada por diretrizes evangélicas, ou fonte de desequilíbrio, quando praticada sem orientações superiores.

— *Muitos frequentam a vida inteira reuniões mediúnicas nos centros espíritas, sem travarem qualquer contato mais profundo consigo mesmos. Recebem diversos espíritos, mas não receberam ainda a si mesmos. Isso é um fato inconteste!*

— Espiritualidade real é um caminho de serenidade, de equilíbrio interior e relacional; nada tem a ver com fenomenologia mediúnica. Uma coisa é a moldura do quadro, outra coisa é a tela.

A mediunidade é uma faculdade natural e neutra, que receberá o colorido da vida mental e moral do médium. Se for apenas para receber espíritos até o obsediado de Gadara[46] também recebeu. O conhecido endemoninhado gadareno era dominado por uma legião de espíritos infelizes com quem Jesus dialogou. Já o Mestre Galileu nunca precisou receber espírito algum, por já estar unificado ao Pai, ou seja, era médium perfeito da Consciência Profunda.

Não estamos diminuindo o valor da mediunidade. De forma alguma! Pelo contrário, a assistência dos espíritos amigos é amparo da misericórdia divina para todas as criaturas terrenas. Eles socorrem, instruem, ajudam, mas, sobretudo, nos conduzem ao autoconhecimento, para que deixemos a dependência moral e desenvolvamos a autonomia consciencial.

---

46 Lucas 8:26-33.

— *Mas n*ão fugimos do tema central deste capítulo? A proposta é falarmos de saúde...

— Claro que não. É que há muita gente doente, sobretudo por alimentar pensamentos e crenças infelizes sobre a própria realidade. Nosso propósito é ajudar a todos a saírem do controle de conceitos equivocados, instaurando em si mesmos um tempo novo de mais saúde mental, equilíbrio e bom senso. A real saúde da alma também pode ser denominada de bom senso ou de equilíbrio espiritual.

A úlcera do estômago, a enxaqueca tenaz, a disenteria, o adoecimento renal ou cardíaco, o problema biliar e até a dor de coluna quase sempre são o acúmulo de conceitos infelizes, de crenças limitantes, de interpretações equivocadas da realidade existencial e de vivências desregradas do espírito encarnado por falta de visão mais ampla da vida.

Toda interpretação imperfeita da existência gerará algum nível de estresse, tensões, aborrecimentos, decepções e, consequentemente, somatizações e doenças. Adoecemos no corpo porque estamos doentes por dentro. A verdadeira doença está na alma, não no corpo físico que apenas a exterioriza, assim como a verdadeira saúde – a verdadeira espiritualidade – é uma questão eminentemente interior.

Nos esclareceu com sabedoria incomum o Mestre de Nazaré:

> *"A candeia do corpo são os olhos; de sorte que, se os teus olhos forem bons, todo o teu corpo terá luz; se, porém, os teus olhos forem maus, o teu corpo será*

*tenebroso. Se, portanto, a luz que em ti há são trevas, quão grandes serão tais trevas;"*⁴⁷

Nossa principal doença, portanto, é nossa má interpretação da vida, é nossa visão de mundo. Corrijamos o nosso olhar, nosso entendimento, e alcançaremos saúde integral.

---
47 Mateus 6:22-23.

8. CURA PROFUNDA

— *Toda doença do corpo tem origem no espírito?*

— Tem origem na necessidade evolutiva do espírito. Podemos afirmar, inclusive, que a doença essencial do espírito é o egoísmo; funciona como um meio de defesa do ser inseguro e frágil, distanciado de Deus.

Qualquer manifestação egoísta nos afasta do fluxo curador que emana da Criação envolvendo todos os seres. Teremos a saúde integral que tanto buscamos quando nos conectarmos com nossa essência espiritual e nos identificarmos com nosso eu divino.

— *Não seria a doença uma punição ou um castigo divino, por esse nosso afastamento das leis universais divinas, que também chamamos de pecado?*

— Deus não pune, Deus educa. A doença e o sofrimento que a acompanha não são castigos divinos. Qualquer doença é uma convocação da vida, dirigida sim por leis divinas, mas para que nos reeduquemos. Não é punição, mas processo de reeducação do ser.

Nesse sentido, a dor é uma pedagoga severa que nos faz revisar os próprios passos. Toda doença traz em si mesma o medicamento para a sua cura profunda; assim como todo conflito também traz em si a semente para a sua própria resolução.

Pecar é apenas errar o alvo. O indivíduo quer ser feliz, mas faz a escolha errada. Equivoca-se. Sofrerá o retorno de sua ação equivocada e se reajustará, amadurecendo com a experiência.

— *As vacinas são elaboradas a partir do próprio veneno.*

— Exatamente!

— *Pode nos falar mais um pouco sobre a cura profunda?*

— Nem sempre o doente consegue se curar fisicamente, mas poderá modificar estruturas internas de pensamento e sentimento – estruturas do ser profundo – e, ao longo de toda uma expiação, alcançar maior harmonia interior. Essa é a cura que deve ser almejada pelo ser consciente. Curando o mundo interno, alcançaremos uma cura integral.

— *De que forma a doença se estabelece em nosso organismo físico, segundo essa ótica mais holística e que você chama de integral?*

— Adoecer é bloquear de alguma forma o fluxo de energia que estrutura nossa vida. Somos seres energéticos. Podemos dizer que a doença é um desequilíbrio energético que se inicia no espírito (energia pensante), altera negativamente as engrenagens sutis do períspirito (energia modeladora), que, por sua vez, promoverá alterações danosas no corpo carnal (energia condensada).

— *Mas só sabemos que estamos doentes quando algum órgão apresenta uma disfunção.*

— A disfunção do órgão é resultante de alguma desarmonia energética no períspirito que, por sua vez, reflete a realidade profunda do espírito.

— *Pelo que parece, então, nem sempre buscamos a saúde real, apenas a libertação do mal-estar ou da doença que o provoca?*

— Sem dúvida. Ainda não aprendemos a contemplar a dor como sinalização para necessárias mudanças internas na forma de ser, pensar, sentir e agir. Ainda somos controlados pela ilusão da matéria. E não é fácil sair desse controle.

— *Essa postura diante da doença indica um estado inferior de evolução espiritual?*

— Quanto menos conscientes da realidade espiritual, mais temos o hábito de culpar o mundo de fora por nossos dissabores e dores. Na medida em que nos conscientizamos da realidade profunda do ser, mais compreendemos que somos os únicos arquitetos de nossa felicidade ou tristeza.

9. MÉDICO DE ALMAS

— *Podemos adoecer, vítimas de elementos exteriores como vírus, bactérias, fungos, aditivos alimentares, poluentes, etc. Temos, por exemplo, o caso recente da pandemia causada pelo coronavírus (COVID-19), mas como fica, então, essa questão de que adoecemos no corpo porque somos doentes na alma?*

— Precisamos nos perguntar: por que indivíduos adoecem ao serem contaminados com determinados vírus e outros não? Por que alguns estabelecem contato de risco com determinadas bactérias e outros não? Por que ainda poluímos a natureza e contaminamos nossa própria alimentação?

Até as doenças emocionais são analisadas por muitos especialistas como resultantes apenas de pressões psicológicas e sociais externas. Realmente existem forças de fora que nos desarmonizam.

— *Sim, mas por que nem todos se desarmonizam diante dessas forças da mesma forma?*

— Na verdade, estamos sempre fugindo das causas, permanecendo estacionados nos efeitos.

Segundo os registros que possuímos, canônicos ou apócrifos, o homem Jesus conviveu com doentes de todo gênero e nunca adoeceu; ao contrário, restituiu a saúde física de inúmeros doentes do corpo. O equilíbrio energético de Jesus era tão profundo que nenhuma força externa negativa era capaz de desarmonizá-lo.

E essa mesma energia, através de um simples toque de mão ou um olhar, era capaz de alterar para melhor o campo energético daqueles que dele se aproximavam dele, conforme aconteceu com a mulher que padecia de hemorragia. O fluxo sanguíneo permanente, que aquela mulher sofria por anos, foi estancado pela energia superior emanada do Mestre, conforme confirmam suas próprias palavras: "Alguém me tocou, porque bem conheci que de mim saiu virtude."[48].

Algumas traduções empregam também a palavra virtude, o que não altera em nada o significado real do texto. Está claro que alguma força saiu de Jesus e alterou o campo físico da mulher.

— *Por que nem todos foram curados pela energia poderosa de Jesus?*

— Porque não se encontravam espiritualmente abertos ou receptivos à energia superior, à irradiação dos fluidos curativos do Médico Jesus. Na palavra do Mestre, não tinham fé. A fé é um estado interior que nos conecta a fontes superiores do bem.

Segundo Allan Kardec:

> *"[...] a fé não é a virtude mística como certas pessoas a entendem, mas uma verdadeira força atrativa, enquanto que aquele que não a tem opõe à corrente fluídica uma ação repulsiva, ou pelo menos a inércia que paralisa o efeito".*[49]

---

48 Lucas 8:46.

49 *A gênese*, capítulo 15, item 11.

— *Os milagres de Jesus, então, eram resultado da manipulação da energia que compõe todos os seres e coisas? Aqueles que foram curados em suas mazelas orgânicas também receberam a cura interior ou profunda?*

— Somente pode curar o espírito o que estiver na dimensão do espírito. Jesus, na condição de Médico de Almas, curou corpos físicos com seu poder magnético e trouxe a Mensagem do Evangelho para curar os espíritos adoecidos no egoísmo, no orgulho e na descrença. Se não se renovaram em seus campos mental, emocional e afetivo, aqueles que foram curados no corpo prosseguiram adoecendo fisicamente até a natural desencarnação.

— *Toda cura que ocorre por agentes externos é apenas aparente?*

— Não diria aparente, mas provisória. Quando há a renovação moral do ser, sua reforma íntima, aí sim se edifica a cura integral e definitiva. Toda doença tem uma causa e uma finalidade. A causa é nosso desajuste interior, nossa imperfeição, que desarticula o equilíbrio energético do perispírito e do corpo físico. A finalidade é que revisemos nossas concepções, nossas emoções, atitudes, e amplifiquemos nossas potencialidades espirituais.

— *Um nobre amigo e escritor espírita encerra seu excelente livro "O médico Jesus" com o seguinte texto:*

> "Mestre Amigo, dá-me forças para vencer os desejos insanos, os melindres, os ataques de orgulho, pois sei que esses são os grandes venenos para a minha

saúde. Amado Pastor, ensina-me a perdoar os que me ofendem para que eu consiga remover os espinhos que me levam à enfermidade. Querido Rabi, não me deixe perdido no labirinto das provas que a minha invigilância não quis evitar. Misericórdia, Senhor, é o que te peço. Trazei-me o elixir do seu amor, a derramar sobre mim as bênçãos cristalinas da saúde do teu coração".[50]

— Perfeito! O amor de Jesus aciona em nós o amor divino, capaz de restaurar por completo a saúde do corpo e da alma. A vivência plena do amor cristão é o medicamento seguro para a harmonização do ser e a cura de todas as enfermidades. Claro que, para a humanidade, essa conquista virá ao longo dos séculos, quando vencermos completamente o egoísmo, o orgulho, a indisciplina, os vícios.

— *Muitas e muitas de nossas doenças na Terra têm origem não em vidas passadas, mas em nossa indisciplina presente*, não é mesmo?

— Sim. Muitas vezes culpar o próprio passado reencarnatório pode ser apenas um mecanismo ilusório de fuga de nossa incoerência no presente. Transferimos para o ontem as causas que estão presentes no hoje. Os excessos serão sempre danosos e prejudiciais. O Caminho do Meio, como afirmam os orientais, é o caminho da saúde e da harmonia.

---

50 *O médico Jesus*, José Carlos De Lucca.

Na questão 964 de *O livro dos espíritos*, temos um esclarecimento sobre a indisciplina humana dizendo que:

> *"[...] Indubitavelmente, quando um homem comete um excesso qualquer, Deus não profere contra ele um julgamento, dizendo-lhe, por exemplo: Foste guloso, vou punir-te. Ele traçou um limite; as enfermidades e muitas vezes a morte são as consequências dos excessos. Eis aí a punição; é o resultado da infração da Lei. Assim em tudo".*

10. UMA MEDICINA MATERIALISTA

— *A atual visão médica do binômio saúde-doença ainda é uma visão muito materialista?*

— Sem generalizar, porque há médicos que já possuem uma visão mais holística e integral sobre a saúde humana, podemos dizer que uma parcela significativa dos profissionais de saúde ainda procura combater as doenças com métodos puramente materialistas, por compreenderem que as causas se encontram no corpo físico.

À luz do conhecimento espírita, sabemos que a origem do adoecimento orgânico está em algum desalinho interior e perispiritual.

— *Observamos, na atualidade do planeta, avanços tecnológicos a serviço da medicina. No entanto, novas doenças surgem, desafiando o desenvolvimento científico e outras, já conhecidas, parecem ampliar seu poder sobre o organismo humano, resistindo, inclusive, à ação de potentes antibióticos. Há alguma lição presente nesse contexto?*

— Enquanto a criatura humana não remontar às reais causas de suas enfermidades, de suas dores e sofrimentos – a desarmonia de seus campos mental, emocional e comportamental –, todo desenvolvimento tecnológico na área científica continuará sendo apenas paliativo. A medicina materialista pode socorrer e aliviar, mas a cura real, plena, somente pode ser alcançada através da reforma íntima.

Hipócrates, considerado o pai da medicina, dizia que antes de curar alguém, pergunte-lhe se está disposto a desistir das coisas que o fizeram adoecer.

— *Mas é incontestável que a medicina atual já conseguiu curar pacientes portadores de graves doenças, como o câncer, por exemplo.*

— Como disse, a cura real e permanente somente pode ser alcançada por uma transformação do ser imortal. O desaparecimento do tumor canceroso do corpo físico não significa sempre que uma cura profunda se processou no corpo espiritual ou no ser imortal.

A prova do que estamos dizendo pode ser encontrada em diversos pacientes que após serem submetidos a cirurgias e tratamentos diversos e se apresentarem curados de determinados cânceres, logo se veem novamente doentes, vítimas de novos tumores, em outros pontos do organismo físico. O desequilíbrio gerador da doença não tem sua causa no corpo carnal, mas na grade perispirítica, que sofre permanente influência do psiquismo adoecido.

— *Há pesquisas sérias a serviço da identificação de uma causa material para as enfermidades. Cientistas estão estudando os genes, buscando nos cromossomos as causas genéticas das doenças. Algumas pesquisas têm comprovado que diversas doenças são derivadas de alterações genéticas.*

— Todo trabalho nesse sentido é de suma importância para o progresso da ciência na Terra. Mas a questão central é que a alteração dos genes ainda é um efeito e não a causa. A causa está no espírito, no psiquismo profundo do ser espiritual que, através do perispírito, imprime a problemática orgânica na estrutura genética do novo corpo.

— *Outros estudos na área das neurociências procuram demonstrar, por exemplo, que as doenças psíquicas são resultantes de alterações nos neurotransmissores como a noradrenalina e a serotonina. Isso não é uma prova de que determinadas doenças, até as psíquicas, têm suas causas no corpo físico?*

— O campo físico é o campo dos efeitos. Certamente que determinadas doenças psíquicas apresentam desequilíbrios nos neurotransmissores A pergunta é: "Por que ocorrem esses desequilíbrios?" A causa está no espírito. Emmanuel esclarece que a saúde não pode voltar ao corpo quando o espírito continua enfermo.

11. A GRANDE MUDANÇA

— *As doenças humanas nunca serão erradicadas totalmente por meios materiais?*

— Não. Os recursos externos, medicamentos, cirurgias, etc., nos auxiliam a administrar melhor as doenças derivadas de nossas imperfeições, até o dia em que de fato erradicarmos – arrancarmos pela raiz – o que nos infelicita a alma e faz adoecer o corpo.

No livro *Mãos de luz*[51], a curadora norte-americana Barbara Ann Brennan assevera que:

> *"[...] toda doença é uma mensagem direta dirigida a você, dizendo-lhe que não tem amado quem você é e nem se tratado com carinho, a fim de ser quem você é".*

Ou seja, todas as vezes que o corpo apresenta alguma doença, isto deve ser considerado um sinal de que alguma coisa não anda bem em nosso universo espiritual.

Em seu livro, o Dr. Deepak Chopra, nos esclarece que:

> *"[...] viver sem amor, compaixão ou qualquer outro valor espiritual cria um estado de desequilíbrio tão grave que todas as células anseiam por corrigi-lo. Em*

---
51 *Mãos de luz: m guia para a cura através do ampo de energia humano*, Barbara Ann Brennan.

última análise, é isso que existe por trás do início da doença". [52]

Já Emmanuel, propõe com singular lucidez: :

"Se estás doente, meu amigo, acima de qualquer medicação, aprende a orar e a entender, a auxiliar e a preparar o coração para a Grande Mudança". [53]

— Portanto, a doença é uma convocação para mudança de rumo, revisão profunda, desenvolvimento de disciplina, ampliação da visão e dos poderes do espírito?
— Muitas vezes, renascemos, sim, em uma família que apresenta determinada problemática de saúde – uma herança genética que alcança várias gerações – porque ali teremos o material necessário para desenvolvermos certos valores da alma, tais como: paciência, perseverança, disciplina, renúncia. Ou seja, ao reencarnarmos, por exemplo, numa família cardiopata, por conta de nossa vibração eletromagnética negativa ou deficitária, proveniente de bloqueios energéticos no períspirito, desenvolveremos, ao longo da vida, a patologia característica daquele grupo familiar.

Mas caso modifiquemos nossa conduta e, consequentemente, nossa vibração pessoal para melhorarmos, ao longo da

---
52 *O caminho da cura: despertando a sabedoria interior*, Deepak Chopra.
53 *Fonte Viva*, Emmanuel, Chico Xavier, capítulo 86.

reencarnação, podemos de alguma forma também superar aquela limitação orgânica derivada da genética familiar.

— *Há um pensamento de Gibran Kalil Gibran que sintetiza com singularidade essas reflexões. Diz o iluminado filósofo e poeta libanês que grande parte de nosso sofrimento é consequência das nossas escolhas e a amarga poção do remédio que está em nós usada para curar o eu doente".*

— Extraordinário! O médico que há em cada ser é a consciência profunda que a tudo conduz para melhor, para o aperfeiçoamento, através de diversas sinalizações, o eu doente é o ego ancestral, teimoso e resistente. A dor é o fogo que consome a resistência do ego.

O benfeitor Emmanuel aborda essa questão com sabedoria incomum:

"Em tese, todas as manifestações mórbidas se reduzem a desequilíbrio, desequilíbrio esse cuja causa repousa no mundo mental".[54]

Enquanto o indivíduo não renovar o seu mundo íntimo, seu universo interior, através das diretrizes da Lei de Amor, Justiça e Caridade, prosseguirá adoecendo, vida após vida.

Renascemos no corpo para curarmos o espírito.

---

54 *Vinha de luz*, capítulo 157, Emmanuel, Chico Xavier.

12. DEGRAUS DO ADOECIMENTO EMOCIONAL

— *Existe alguma relação entre fé e saúde? É importante que a ciência médica considere a realidade espiritual ao analisar o binômio saúde-doença?*

— Essa é uma das questões mais importantes que poderíamos tratar neste momento de nossa conversa. Por mais incrível que possa parecer – e incrível significa aquilo em que não se pode crer – a fé está na base da saúde mental e, consequentemente, na saúde física de qualquer indivíduo. Não estou falando da fé em dogmas irracionais, em teologias mirabolantes, mas sobre a confiança no poder do Universo.

Allan Kardec indagou:

"Dentre os vícios, qual o que se pode considerar radical?" Responderam os espíritos:

'Já o dissemos muitas vezes: o egoísmo. Dele se deriva todo o mal. Estudai todos os vícios e vereis que no fundo de todos existe o egoísmo. Por mais que luteis contra eles, não chegareis a extirpá-los enquanto não os atacardes pela raiz, enquanto não lhes houverdes destruído a causa. Que todos os vossos esforços tendam para esse fim, porque nele se encontra a verdadeira chaga da sociedade. Quem nesta vida quiser se aproximar da perfeição moral deve extirpar do seu coração todo sentimento de egoísmo, porque o egoísmo

é incompatível com a justiça, o amor e a caridade: ele neutraliza todas as outras qualidades." [55]

Os espíritos superiores esclarecem que o egoísmo é a grande chaga moral da humanidade. É dele que se derivam todos os demais equívocos da criatura humana. É importante, no entanto, que busquemos o que mais conduz o homem a essa postura psicológica egocêntrica.

Para o melhor entendimento e compreensão, apresentaremos uma escada do adoecimento emocional, com cada degrau conduzindo ao topo do desequilíbrio interno do ser.

1º degrau – Falta de fé em Deus: O indivíduo que não confia numa força maior, e não estou falando aqui de frequentar ou não determinada religião, mas de confiar em um poder superior. Desse modo, caminhará para uma fragilização de sua segurança pessoal.

A vida na Terra é incerta. Muitos são os desafios em todos os quadrantes da existência, desde o campo da saúde orgânica, psicológica, financeira, relacional, etc. Sem transcender as limitações do mundo terrestre material, por meio de uma fé, de uma confiança em um poder maior, naturalmente, o ser se sentirá perdido, solitário e inseguro.

Aí chegamos ao segundo degrau do adoecimento emocional e, consequentemente, orgânico – o medo –, porque o ser humano respira sempre dentro de uma realidade psicossomática, a alma interferindo no bem-estar do corpo e vice-versa.

---
[55] *O livro dos espíritos*, questão 913.

2º degrau – Medo: O medo é a emoção mais primária do psiquismo humano. Realizando toda a sua viagem evolutiva dentro de uma realidade complexa desde os reinos mineral, vegetal e animal, o princípio inteligente chega ao hominal extremamente temeroso, por ter passado pelas experiências mais delicadas e até dolorosas em toda a sua peregrinação rumo à luz da consciência.

O medo é uma emoção que tem sua função de preservação, mas que passa a ser perniciosa quando se alia à imaginação doentia distanciada da fé. Esse é o ponto em que o egoísmo começa a se explicitar no comportamento do espírito. A falta de fé em um poder justo e bondoso, leva o indivíduo a se defender de tudo, valorizando somente a si mesma e arrebanhando tudo para si em detrimento do outro.

Assim, o egoísmo se torna uma defesa equivocada da alma que não conheceu ainda as leis espirituais e a proteção divina.

3º degrau – Egoísmo: O egoísmo é a grande chaga moral da criatura humana, mas se trata apenas de um condicionamento mental aguardando o despertar da consciência.

Em sua origem, todo ser humano é egocêntrico, é um ser medroso e inseguro, pois caminha no mundo ao sabor dos pensamentos e das emoções em desalinho diante das mais difíceis circunstâncias existenciais. Esse contexto mais do que complexo conduz o ser humana a outro degrau psíquico: a aceleração mental.

4º degrau – Aceleração mental: Por conta dos inúmeros desafios, compromissos, preocupações e tensões, as criaturas humanas alcançam um elevado nível de agitação e inquietude interior. Passam a viver a maior parte de suas vidas no ritmo Beta (12 a 40 ciclos de pensamentos por segundo). Vivendo predominantemente nesse ritmo psíquico, que pode ser diagnosticado pelo eletroencefalograma, os seres humanos não conseguem fazer uma conexão com a essência da vida presente em todos os seres, em todos os reinos da criação. Essa falta de comunhão com a vida, denominamos de insatisfação.

5º degrau – Insatisfação: É muito importante compreender que o contrário de felicidade não é a tristeza é insatisfação. A tristeza é um fenômeno emocional natural. O indivíduo perde um familiar, um emprego, termina um relacionamento e, naturalmente, se entristece; mas, depois, consegue se reerguer emocionalmente. A tristeza passa, e ela é até importante e necessária no processo de amadurecimento da criatura, para que ela consiga se autoanalisar, repensar o caminho e muitas vezes reencaminhar sua própria vida.

Mas a insatisfação não. A insatisfação é um estado de incompletude e negatividade da alma. O indivíduo pode ter o mundo aos seus pés, mas nem sempre conseguirá se conectar satisfatoriamente a nada. Pode contemplar a paisagem mais linda, saber conceitualmente que ela é linda, mas sem sentir o prazer de observá-la. Terá comida, trabalho, relações, sexo, etc., mas não conseguirá fruir a beleza de tudo isso porque, interiormente, está acelerado, agitado, dominado por pensamentos e emoções em desalinho. Nesse estado de mental e insatisfação, surge naturalmente a ansiedade.

6º degrau – Ansiedade crônica: A ansiedade é uma emoção também normal no ser humano, natural ao se enfrentar um problema de qualquer natureza, seja no trabalho, na vida familiar, nas relações sociais ou diante de problemas de saúde, por exemplo. Porém, a ansiedade excessiva pode se tornar um transtorno.

Indivíduos que sofrem de transtorno de ansiedade sentem uma preocupação e medo extremos em situações simples da rotina e até alguns sintomas físicos. Ansiedade na verdade é uma preocupação. A mente está vinculada ao futuro, algo que pode vir a acontecer. Preocupação nada mais é do que uma faceta do medo, um temor de que as coisas não vão transcorrer de forma positiva. Percebemos, então, que a gênese da ansiedade está realmente na falta de fé ou confiança em um poder superior que rege todos os departamentos da vida com sabedoria e bondade.

E a ansiedade crônica é a plataforma sobre a qual se ergue outros transtornos mentais e emocionais, desarticulando também as engrenagens do aparelho físico.

Os sintomas psicológicos da ansiedade são:

- Tensão.
- Nervosismo.
- Sensação de que algo ruim vai acontecer.
- Dificuldade de concentração.
- Medo constante.
- Descontrole sobre os pensamentos.
- Preocupação exagerada.

- Insônia.
- Irritabilidade.
- Agitação involuntária dos braços e pernas.

Os sintomas físicos da ansiedade são:
- Dor ou aperto no peito.
- Taquicardia.
- Respiração ofegante.
- Falta de ar.
- Sudorese.
- Tremores nas mãos ou em outras partes do corpo.
- Sensação de fraqueza.
- Cansaço.
- Boca seca.
- Mãos e pés frios ou suados.
- Náusea.
- Tensão muscular.
- Diarreia.

Um processo de ansiedade crônico pode levar a crises de pânico. As principais características do ataque de pânico são:
- Sensação intensa de nervosismo
- Pânico incontrolável.

- Sensação de morte.
- Aumento da respiração.
- Aumento da frequência cardíaca.
- Tonturas e vertigens.
- Problemas gastrointestinais.

Em alguns casos, os sintomas físicos do pânico são tão intensos que podem ser confundidos com problemas sérios de saúde como infarto ou outros eventos cardiovasculares. Muitos especialistas acreditam que ansiedade e depressão são polaridades de uma mesma situação mental que apresentam sintomas muito semelhantes:

- Medo.
- Insônia.
- Insegurança.
- Dificuldades de concentração.
- Irritabilidade.

Um estudo, que ficou conhecido como Kendell[56], mostrou que diagnóstico de depressão passa para a ansiedade em 2% dos casos, enquanto os casos de ansiedade se tornam depressão em 24%. A verdade é que os pensamentos negativos que o ansioso tem sobre si mesmo são gatilhos que podem desencadear um processo depressivo.

---

56 Prevenção e Controle da Ansiedade. CEPROESC. Disponível em http://ceproesc.com.br/ansiedade. Acessado em 24 de Julho de 2020.

Outra questão muito importante é que boa parte das pessoas com transtornos de ansiedade evitam as situações que podem desencadear sintomas e, com isso, passam a viver de forma muito limitada, como não sair de casa sozinho, não participar de encontros sociais, eventos públicos, restringindo demais suas vidas. Naturalmente, quanto mais a ansiedade desarticular a vida de um indivíduo, maior a chance de ele entrar em depressão.

Tanto a ansiedade quanto a depressão normalmente têm a ver com a disfunção de neurotransmissores chamados monoaminas, que englobam a serotonina.

Sobre a ansiedade crônica se erguem diversos distúrbios emocionais e os principais são:

- Transtorno de Ansiedade Generalizada (TAG).
- Transtorno Obsessivo Compulsivo (TOC).
- Síndrome do Pânico.
- Fobia Social.
- Fobias Específicas, como:
    - Claustrofobia – medo de lugares fechados.
    - Aracnofobia – medo de aranhas.
    - Agorafobia – medo de ficar sozinho em lugares amplos ou públicos.
    - Acrofobia – medo de altura.
    - Aicmofobia – medo de agulhas.
    - Catsaridafobia – medo de barata.
    - Coulrofobia – medo de palhaços.

— *Impressionante essa escalada do adoecimento emocional. Fala-se tanto do egoísmo, mas de fato o egoísmo ainda é uma consequência de outros processos que precisam ser percebidos e estudados. A criatura humana, no fundo, é insegura. Tudo na Terra é incerto. Se não estivermos ancorados na fé, certamente nosso campo mental e emocional não conseguirá se manter em harmonia e, consequentemente, nossa vida de relação com as pessoas e o mundo será profundamente afetada.*

— Quase todo ser humano ao reencarnar na Terra experimenta uma espécie de solidão. Por essa razão, a bondade divina nos coloca no ventre materno, no aconchego de uma mãezinha para não nos sentirmos tão sós, tão desamparados. O carinho de uma mãe é a presença do Universo dizendo à criatura humana que Deus existe. Mas mesmo assim, para muita gente, reencarnar não é nada fácil. Muitos têm medo da morte; mas com certeza, do lado de lá da vida, há muito mais medo quando se tem que renascer no plano físico. As incertezas são maiores!

13. O JOVEM ATEU QUE NÃO QUERIA MAIS VIVER

— *Certa vez, atendi um jovem que se dizia ateu e que foi trazido a mim por familiares. Estavam todos muito preocupados porque o rapaz já havia tentado suicídio três vezes, cortando os pulsos. Ao iniciarmos a terapia logo percebi que se tratava de um caso muito difícil. Cada sessão era um desafio novo do ponto de vista intelectual. Cada abordagem que eu realizava me utilizando de diversas fontes filosóficas e psicológicas para tentar arrancá-lo de seu ateísmo ferrenho terminava sem sucesso. O rapaz não queria viver mais e me indagava muito seriamente o porquê de ser obrigado a existir. Dizia que a vida na Terra não fazia sentido, que não queria ter nascido.*

— Eu me recordo do caso.

— *Depois de várias semanas e diálogos, antes de mais um atendimento, orei a Deus para que me ajudasse no caso* tão complexo. *O rapaz ia acabar se matando. Eu já havia esgotado praticamente todos os meus recursos psicoterapêuticos e até doutrinários. A família estava tão desesperada que, embora pertencesse a outra religião muito tradicional, havia me autorizado a falar abertamente sobre o Espiritismo para o jovem, se fosse necessário. O rapaz não queria viver, não acreditava na vida, era totalmente pessimista. Durante minha oração, um silêncio profundo se apossou de mim e duas mensagens muito claras surgiram em minha mente. Aliás, pensando bem agora, era você falando comigo, não era?*

— Em determinados casos, além da consciência, todo indivíduo que ora a Deus com sinceridade para melhor servir ao semelhante, também recebe o concurso de espíritos amigos mais iluminados.

— *A primeira mensagem dizia: "Não filosofe mais, fale ao coração do rapaz!" E a segunda esclarecia: "Ele é vaidoso, adora se afirmar ateu. Adora debater, contestar. Isso o torna diferente e observado pelos amigos. Ele está ficando famoso por seu ateísmo. Você está somente alimentando o ego dele com o debate. Entendi as mensagens e fui chamá-lo na sala de espera.*

— Uma ajuda do Alto muda qualquer história, não é mesmo?

— *Sem dúvida. O rapaz entrou e eu fui enfático dizendo que a sessão daquele dia seria breve. Ele ficou surpreso. Perguntei no estalo: "Meu amigo, você ama a sua mãe?" Ele achou a pergunta estranha e com um sorriso desconfiado me respondeu: "Claro que amo." Fiz aquela pergunta por que já sabia, por meio conversas anteriores, que ele a amava. E então prossegui: "Então você não precisa acreditar em Deus. Não há mais necessidade disso. Quem ama já está em Deus. Como escreveu João, o Evangelista, Deus é amor. Conceituar Deus é algo puramente mental, amar é viver Deus. Então lamento lhe informar, você não é ateu. Quem ama não é ateu pelo simples fato de sentir e viver o próprio Deus." – enfatizei. Ele ficou assustado e surpreso, percebi que não sabia o que dizer. Ficou realmente desconcertado.*

— Foi muito interessante aquele dia. Sua oração silenciosa abriu canal para que eu falasse mais ostensivamente.

— *Eu percebi....*

E prossegui com o jovem: Certa vez, um médico ateu foi até Chico Xavier e disse ao grande médium mineiro: "Se você de fato fala com os espíritos ou se os espíritos falam com você, me faça crer em Deus. Eu sou ateu e vim aqui para que você me faça crer." Chico sorriu com compaixão e profunda serenidade e esclareceu ao médico: "Não é necessário acreditar em Deus, doutor. Os espíritos amigos nos informam que muito mais importante do que crer em Deus é viver de tal forma que Deus possa crer em nós."

— Perfeito! Deus não carece de bajulação. Teresa de Calcutá dizia que as mãos que servem são mais santas do que os lábios que oram. O que importa é fazer, agir no bem. O caminho mais perto para Deus é o nosso próximo, como já vimos no estudo da *Parábola do Bom Samaritano*[57]. Deus está em toda criatura. Somos todos Um! Essa é a grande síntese divina. O dia em que todos compreenderem e sentirem que o próximo é uma extensão de nós mesmos, estará implantada na Terra a verdadeira fraternidade.

E o jovem, não se matou?

— *Até que eu saiba, graças a Deus, não. Fizemos mais algumas sessões. Parece que ele começou a compreender que amar realmente é o que dá sentido à vida. A razão é importante, mas o amor é essencial. No fundo ele era carente e solitário. Pouco tempo depois arrumou uma namorada.*

— Aí ele encontrou o Céu... (risos)

---

57   Lucas 10:25-37.

— *"Ou não!" - como diria Caetano Veloso numa expressão muito frequente em sua fala (mais risos)*

Um tempo depois fiquei sabendo que a namorada estava grávida. A vida é mesmo impressionante!

E Deus não desiste de nós. Quando estamos desistindo dele, Ele nos arma cada armadilha...

— É realmente o amor o que nos salva de nós mesmos, não é? Deus é amor, ou melhor, o amor é Deus.

— *Há diferença?*

— Sim. Nem sempre onde se fala de Deus há amor, mas onde houver amor, inevitavelmente, Deus estará. Muito mais importante que falar em nome de Deus é ter algo de Deus para ofertar.

14. PRAZER, DROGAS E CUIDADOS COM O CORPO

— *Deus nem sempre está nos templos de pedra, não é verdade?*

— Deus está em toda parte, nós é que não conseguimos percebê-lo. Quase sempre estamos cheios de fórmulas, doutrinas, teorias, teologias, conceitos, palavras, opiniões e religiões, mais humanas (ou desumanas) que divinas. Há muito entulho teológico a tirar de nossa cabeça para que Deus possa de fato se manifestar em nós.

— *Como percebê-lo mais diretamente?*

— Por duas diretrizes fundamentais: silenciar a mente e amar o próximo.

— *No Oriente se diz que "Deus habita no silêncio".*

— Realmente. E não habita apenas na ausência de ruídos, de barulho exterior, sobretudo no silêncio interior de nossas almas. Quando os pensamentos são pacificados e as emoções harmonizadas, Deus se faz presente em nós.

— *O professor Allan Kardec explica que é entre um e outro pensamento que os espíritos falam conosco*[58]

— Isso mesmo. Bem se vê que o mundo espiritual não é o mundo dos pensamentos acelerados. Nada contra o pensar, obviamente, mas, muitas vezes, se confunde o mundo mental com o mundo espiritual. Há revelações que não são revelações, são apenas manifestações da mente, animismo, registros da própria alma do médium. Os orientais dizem que a

---

58 *O livro dos médiuns*, capítulo 2, Allan Kardec.

mente é um macaco louco que pula de galho em galho, e é verdade. Agora imagine se considerarmos todas as macaquices da mente como revelações espirituais. (risos)

— *Às vezes estamos orando e alguém entra em nossa oração, estamos lendo esse alguém entra em nossa leitura. Não estou me referindo aos pensamentos invasivos de espíritos desencarnados. Estou falando dos nossos próprios pensamentos.*

Uma vez, atendi um personal trainer muito agitado, com a mente extremamente acelerada. Ele me disse, aturdido, que nem na hora de namorar a esposa ele conseguia estar presente, sentindo plenamente o momento, o prazer sexual. Sua mente fugia do momento presente, visitando as academias onde trabalhava e alguns problemas que vivenciava. Expliquei que a situação dele era realmente delicada porque o prazer sexual é o maior prazer sensorial que se pode ter na Terra, e diante do prazer a mente perde força. Todo prazer físico desacelera a mente porque o indivíduo faz uma conexão profunda com o corpo, e sentir o corpo é sair da mente e entrar em comunhão com o agora.

— Essa relação entre mente, corpo e prazer é uma questão importante para estudarmos, quando analisamos as viciações humanas. Muitas pessoas buscam os vícios e se encarceram neles por estarem fugindo de uma condição mental angustiante íntima ou que o cerca na vida de relação. Muitos jovens, por conta de viverem em lares desajustados, desequilibrados, com brigas, agressões e carências as mais diversas, sofrerem *bullying* buscam nos vícios um refúgio, uma forma de evadirem do contexto familiar e da própria mente atormentada pelas circunstâncias aflitivas. Fogem da família, dos problemas e principalmente do próprio estado interior profundamente insatisfatório.

Ao chegarem numa festa, por exemplo, não conseguem sentir a plenitude da festa porque estão inquietos interiormente, ansiosos, insatisfeitos. Aí recorrem a uma droga que altera artificialmente a sensação mental, e somente curtem a festa porque estão sob o seu efeito químico e sempre ilusório.

No entanto, quando esse efeito passa, eles se sentem ainda piores, porque não se harmonizaram interiormente e ainda vivenciam os efeitos colaterais. Dentro desse processo altamente destrutivo, esses indivíduos buscam cada vez mais o consumo de drogas lícitas ou ilícitas para experimentarem um alívio psicológico e ilusório. Por esse motivo, muitos tombam em processos quase mortais ou até mesmo mortais de overdose.

No Brasil, os vícios constituem uma questão de saúde pública. Bilhões de reais são gastos pelo Ministério da Saúde por ano; parte do repasse financeiro é geralmente investido nas diferentes campanhas de combate às drogas. Observa-se, no entanto, que todos os esforços contra as drogas têm sido infrutíferos, solicitando medidas mais imponentes.

Dificuldade de concentração, depressão do sistema nervoso, convulsões, alucinações perda de apetite são alguns dos sintomas causados pelo uso dos diferentes tipos de alucinógenos. Muitas e muitas famílias estão sendo destruídas por conta do uso de drogas, que alcança muito especialmente a juventude.

Os vícios demonstram de forma ostensiva como parcela significativa da população mundial não usufrui de sua verdadeira liberdade. Buscando viver o que se quer, muitos jovens e adultos acabam dominados e controlados pelo poder destrutivo dos tóxicos. Somente o desenvolvimento da renovação moral, em bases profundamente espirituais, pode promover a libertação dos indivíduos desse controle verdadeiramente devastador.

— *São tantos os desejos e vícios alimentados através do corpo carnal... O corpo seria um empecilho à iluminação? Ao despertar espiritual?*

— O corpo é uma ferramenta importante para que o espírito realize seu progresso intelecto-moral na Terra. Muitas escolas espiritualistas do passado defenderam a tese de que a elevação do espírito dependia da fragilização do corpo carnal, mas isso não é verdade. O corpo é uma bênção divina que deve estar a serviço do espírito e não o contrário. Quando o espírito se submete aos desejos carnais, aí sim, enfrentará problemas graves em seu desenvolvimento espiritual. Quando se utiliza, porém, do corpo para aprender e servir, este se constituirá em ferramenta abençoada na jornada iluminativa do ser imortal.

Vejamos o que o espírito Georges escreveu sobre o assunto:

> *"Será que a perfeição moral consiste na martirização do corpo?*
>
> *Para resolver essa questão apoio-me nos princípios elementares e começo por demonstrar a necessidade*

de cuidar do corpo que, conforme esteja sadio ou doente, influi de uma maneira muito importante sobre a alma, que é considerada prisioneira da carne. Para que ela vibre, se movimente e até mesmo conceba as ilusões de liberdade, o corpo deve estar são, disposto e vigoroso. Estabeleçamos uma situação: eis que ambos se encontram em perfeito estado; o que devem fazer para manter o equilíbrio entre suas aptidões e suas necessidades tão diferentes? Dessa confrontação torna-se inevitável buscar seu ajuste equilibrado entre ambos, sendo que o segredo está em achar esse equilíbrio.

Aqui, dois sistemas se defrontam: o dos ascetas, que querem aniquilar o corpo, e o dos materialistas, que negam a alma. Dois sistemas igualmente constrangedores, tão insensatos, tanto um quanto o outro. Ao lado destas grandes correntes de pensamento, há um grande número de indiferentes que, sem convicção e sem afeições, amam com frieza e não sabem se divertir. Onde, pois, está a sabedoria? E a ciência de viver? Em nenhum lugar. Este problema ficaria inteiramente sem ser resolvido se o Espiritismo não viesse em ajuda dos pesquisadores, demonstrando-lhes as relações que existem entre o corpo e a alma, comprovando que são necessários um ao outro e é preciso cuidar de ambos. Amai, pois, vossa alma, mas cuidai também do corpo, instrumento da alma. Desconhecer as necessidades que a própria Natureza indica é desconhecer a Lei de Deus. Não castigueis

> *vosso corpo pelas faltas que o vosso livre-arbítrio o induziu a cometer, e das quais é tão responsável quanto um cavalo mal guiado o é pelos acidentes que causa. Sereis, por acaso, mais perfeitos se, ao martirizar o vosso corpo, continuardes egoístas, orgulhosos e sem caridade para com o vosso próximo? Não, a perfeição não está nisso. Ela se encontra nas reformas a que submeterdes o vosso Espírito: dobrai-o, subjugai-o, humilhai-o, dominai-o, este é o meio de torná-lo dócil à vontade de Deus e o único que conduz à perfeição."[59]*

Sabemos que o príncipe Sidarta Gautama também viveu esse grande conflito nesse sentido, acreditando no início de sua jornada espiritual que o caminho para a iluminação do espírito seria a mortificação da carne. Mas assim que adotou o ascetismo, os rigores com o corpo físico, vindo quase a desencarnar por falta de cuidados para com o veículo carnal, Sidarta finalmente compreendeu que o caminho para o despertar espiritual era o Caminho do Meio[60], longe dos extremos sempre equivocados e perigosos.

O corpo, sob o comando do espírito, será sempre ferramenta abençoada no serviço de autoiluminação e dos que fazem parte de nossa vida. O espírito comandado pelo corpo será sempre um carro ladeira abaixo, sem freio e sem direção. O Caminho do Meio é o caminho do equilíbrio, da ponderação, da consciência.

---

59 *O Evangelho segundo o Espiritismo*, capítulo 17, no item 11. Alan Kardec.

60 O Caminho do Meio é o termo que Sidarta Gautama usou para descrever o caráter do Nobre Caminho Óctuplo descoberto por ele e que leva à libertação. É um importante princípio orientador da prática budista

— *Sentir o corpo pode ser um portal para a iluminação?*

— Na verdade, precisamos aprender a sentir a energia interior que habita nosso corpo físico. Todos temos um corpo energético, um corpo sutil. Procurar sentir essa energia presente em todo o corpo físico é estabelecer uma relação com nossa consciência. Primeiro porque essa prática, aos poucos, tem o poder de aquietar o turbilhão de pensamentos; segundo porque essa energia é a ponte entre o ego - ou a personalidade - e a consciência.

A prática de sentir a energia interior do corpo, muito especialmente a das mãos, aliada a observar calmamente o ir e vir do ar na respiração, colabora positivamente para o desenvolvimento do domínio da consciência sobre a mente, dos pensamentos e emoções.

15. DEPRESSÃO E CONSCIÊNCIA

— Já que estamos falando de saúde, *gostaria de trazer algo sobre depressão para a conversa. Atendo muitas pessoas que chegam ao consultório querendo desistir da vida, sem alegria ou motivação para viver, pensando até em suicídio. A depressão tem alcançado pessoas de todas as idades, classes sociais e religiões uma das principais enfermidades da sociedade atual.* **O site da OPA (Organização Pan-Americana de Saúde) traz a informação de que, de acordo com as últimas estimativas da Organização Mundial da Saúde (OMS), mais de 300 milhões de pessoas vivem com depressão no planeta.**[61]

Esses dados assustam, não é?

— Verdade. Poderíamos acrescentar ainda que a depressão é a segunda doença mental mais prevalente no planeta, perdendo apenas para a ansiedade. Também se sabe que 30% das consultas médicas, em qualquer especialidade, ocorrem por conta dos diversos sintomas físicos e emocionais que ela ocasiona.

A OMS ainda afirma que o transtorno depressivo ocuparia o segundo lugar entre as patologias mais onerosas, incapacitantes e fatais a partir da década de 2020. E segundo o Dr. Roosevelt Cassorla, professor do Departamento de Psiquiatria da Universidade Estadual de Campinas (Unicamp), o transtorno já ocuparia esse posto atualmente, ficando atrás somente dos acidentes automobilísticos.

---

61 Fonte: https://www.paho.org/bra/

— *Do ponto de vista orgânico, mental e espiritual, em que consiste a depressão?*

— Na depressão as pessoas não realizam os seus sonhos e ideias, congestionando as energias vitais ou desnutrindo a alma. Quando o indivíduo é dominado pela mente, por meio de pensamentos e emoções do passado e futuro, perde a sintonia ou a conexão com a consciência profunda oculta por detrás do jogo acelerado dos pensamentos. Uma mente agitada, turbilhonada, vai deixando o ser exaurido, sem forças para caminhar. Oitenta por cento da energia vital do ser humano são utilizados pela mente. Uma mente acelerada queima toda essa energia. Depressão é desânimo profundo, desconexão com a alma (do latim *anima*).

A depressão pode ser primária, sem causas orgânicas que a justifiquem, ou secundária, quando é consequência de alguma doença. Algumas causas orgânicas ou biológicas da depressão são:

- Fatores genéticos.
- Deficiência de neurotransmissores – Uma dieta deficiente em aminoácidos específicos, por exemplo, impede a formação dos neurotransmissores.
- Contaminação química.
- Problemas hormonais – O hipotireoidismo, por exemplo.
- Falta de atividade física – Exercício físico produz endorfinas, substâncias responsáveis pela sensação de prazer.

- Carência de banho de sol – Responsável pela formação de vitamina D e pela vitalidade orgânica.

Do ponto de vista psicoespiritual, o depressivo é alguém enclausurado no passado, em pensamentos torturantes, em dúvidas angustiantes, inseguranças, fobias, traumas e apegos. Quem vive no passado perde a conexão com a vida que se faz plena somente no agora.

A psicossomática nos revela que a depressão pode ser também uma raiva acumulada, proveniente de uma espécie de rebeldia contra a vida e seus processos, que causa reações orgânicas e bioquímicas.

O espírito dirige o corpo por meio das correntes de pensamento e sentimento que atuam no universo subatômico, ativando genes e controlando o seu funcionamento. Influenciando positiva ou negativamente o veículo orgânico.

Raiva é sempre o vínculo psicológico com alguma ocorrência pretérita, retirando-nos do presente. Enquanto o indivíduo não se despojar do passado e fincar os pés no agora, não será alimentado pela vida que pulsa em toda parte. Há pessoas que viajam horas por paisagens exuberantes sem sentirem a beleza das montanhas, das grandes pedras ou do mar, sem se tranquilizarem com o verde das árvores, o colorido e a delicadeza das flores.

— *Mas onde estão? Por que não sentem a beleza da natureza?*

— É fácil responder. Porque estão totalmente encarceradas nos pensamentos, na mente. Olham, enxergam, mas não sentem.

A vida profunda, presente em tudo ou em todos, não é para ser pensada, analisada, mas sentida. A mente é sempre analítica, mas não consegue sentir. Se perguntarmos à mente o que é uma montanha, ela dirá: um aglomerado de terra, pedra, pasto, árvores, etc. Não conseguirá sentir a beleza espiritual, divina, presente na montanha.

A beleza da natureza só poderá ser sentida quando contemplada diretamente pela consciência. Em síntese, quem vive mergulhado no excesso de processos mentais, conscientes ou inconscientes, não é alimentado pela vida espiritual.

O depressivo não sente satisfação em nada que faz ou vê porque está lançando sobre o mundo inteiro o seu estado psíquico de rebeldia e angústia. Necessita se despojar completamente do seu passado; às vezes, até do futuro, de onde surgem as ansiedades e inseguranças para começar a ser alimentado pela beleza da vida no presente.

Nesse caso, se faz necessária uma avaliação médica e psicoterapêutica integral do paciente depressivo, já que tal enfermidade não apresenta uma causa única, é multifatorial. E, mesmo tendo como causas elementos unicamente mentais e emocionais, o socorro medicamentoso pode ser necessário para restabelecer o equilíbrio da química cerebral ou de todo o organismo, pois a depressão engloba desde a deficiência no nível de alguns neurotransmissores como a serotonina, a noradrenalina e a dopamina até alterações em níveis hormonais. Com a carência desses neurotransmissores, que atuam como mensageiros, a comunicação entre neurônios fica prejudicada e também a regulação das funções desses neurônios.

Uma deficiência nos neurotransmissores traz ainda a diminuição de substâncias protetoras dos neurônios, podendo causar inclusive a morte de células cerebrais. Com isso, fica explícita a necessidade de recursos medicamentosos no tratamento, ainda que as causas profundas do processo depressivo residam na realidade espiritual profunda o indivíduo.

— *Segundo o CID10[62] e o DSM4[63], quais os sintomas que caracterizam a depressão?*

— A depressão é caracterizada pelos seguintes sintomas:

- Estado deprimido: sentir-se deprimido a maior parte do tempo, por pelo menos duas semanas.
- Anedônia: interesse diminuído ou perda de prazer para realizar as atividades de rotina.
- Sensação de inutilidade ou culpa excessiva, que comete a maioria dos pacientes.
- Dificuldade de concentração: habilidade frequentemente diminuída para pensar e concentrar-se.
- Fadiga ou perda de energia.
- Distúrbios do sono, como insônia ou hipersônia praticamente diárias.
- Problemas psicomotores, como agitação ou retardo psicomotor.

---

62 *Código Internacional de Doenças.*
63 *Manual de Diagnóstico e Estatística em Saúde Mental.*

- Perda ou ganho significativo de peso, na ausência de regime alimentar.
- Ideias recorrentes de morte ou suicídio.

— *Você falou que a depressão é um tipo de raiva acumulada que tem origem numa espécie de rebeldia. Poderia ampliar essa explicação?*

— A rebeldia espiritual é a postura íntima que está na base do processo depressivo, gerando raiva, depressão e a desconexão do ser com sua essência. É quando o indivíduo não conhece e ou não compreende as leis divinas ou não as aceita e, por isso, se rebela intimamente contra tudo o que a vida lhe traz.

Em muitos casos, o indivíduo não tem a vida que gostaria de ter e por isso não aceita a vida que tem. Interiormente ele vive a não-aceitação, a rebeldia espiritual. Outros se colocam como vítimas da vida, seres afetivamente carentes, se sentem pobres coitados Não lutam, não querem lutar, e assim ficam à mercê de um processo depressivo, pesando ainda na economia emocional de familiares e amigos.

Diante das dores da vida, precisamos compreender que existem três portas:

- A revolta (rebeldia).
- A passividade (vitimismo).
- O bom combate (quando a alma procura se autoconhecer para mudar e superar o sofrimento).

E não adianta entrarmos pelas portas da rebeldia ou do vitimismo, precisamos buscar a saída, refletir sobre qual mensagem a dor nos traz. O bom combate[64], como propunha o apóstolo Paulo, é a única porta de saída.

Mas, em síntese a pessoa depressiva carece de:

- Desenvolver a fé em Deus. – Importante, buscar um núcleo religioso sério e nobre para frequentar semanalmente.

- Pacificar a mente, pensamentos e emoções. – Principalmente através da prática da meditação e da oração.

- Libertar-se do passado. – Recorrer a uma terapia.

- Não se preocupar em demasia com o futuro.

- Equilibrar o corpo físico e suas funções hormonais e neurológicas. – Procurar um médico competente e utilizar os recursos farmacológicos disponíveis.

- Receber passes magnéticos durante o tratamento. – Recurso presente em qualquer casa espírita.

- Ressignificar o sentido existencial – Descobrir e servir a um ideal superior.

---

64 II Timóteo 4:7.

16. O GRAVE PROBLEMA DA OBSESSÃO ESPIRITUAL

— *Outro grande flagelo da humanidade é a obsessão espiritual. Ela constrange, limita e faz adoecer criaturas humanas em todas as partes do mundo. Podemos, agora, conversar um pouco sobre esse tema? Preparei algumas perguntas.*

— Devemos!

— *O que é exatamente uma obsessão espiritual?*

— Toda ação prejudicial de um espírito sobre outro é uma obsessão espiritual.

— *Por que ocorrem as obsessões?*

— Podemos listar alguns motivos básicos:

- Por dívida de um espírito para com outro – Inimizades de vidas passadas, vinganças, oposições ideológicas. Muitos espíritos, inimigos do Evangelho de Cristo, por exemplo, perseguem trabalhadores da Luz nos mais diversos departamentos de atividades na Terra.

- Por afinidade moral e vibracional – Atraímos espíritos que têm os mesmos gostos, inclinações, vícios e imperfeições como maledicência, ambição, alcoolismo, sexualismo, etc.

- Por esterilidade espiritual – A falta de ação no bem abre espaço para interferências espirituais negativas. Allan Kardec indaga:

> *"Bastará não fazer o mal para ser agradável a Deus e assegurar sua posição futura?"* Respondem os espíritos: *"Não, é preciso fazer o bem no limite de suas forças, porque cada um responderá por todo mal que resulte do bem que não haja feito."*[65]

— Por que Deus permite a ação de espíritos perturbadores em nossas vidas?

— Deus não erra. De alguma forma, os obsessores nos ajudam a crescer. E, muitas vezes, se analisarmos melhor a história do obsessor com o obsidiado, veremos que a dívida moral maior é daquele que hoje sofre a perseguição espiritual. Ou seja, só há cobrador porque alguém realmente está devendo. Allan Kardec esclarece que:

> *"Os Espíritos maus pululam em torno da Terra em virtude da inferioridade moral dos seus habitantes. A ação malfazeja que eles desenvolvem faz parte dos flagelos com que a humanidade se vê a braços neste mundo. A obsessão, como as enfermidades e todas as tribulações da vida, deve ser considerada prova ou expiação e como tal aceita".*[66]

Em resumo, poderíamos dizer que só há obsessores porque há pessoas moralmente desequilibradas. Quando os homens,

---

65 *O livro dos espíritos*, questão 642, Allan Kardec
66 *O evangelho segundo o Espiritismo*, capítulo 28, item 81. Alan Kardec.

por conta de hábitos infelizes, saem da faixa do equilíbrio, que é a Lei de Amor, Justiça e Caridade, desarmonizando o campo vibratório, abrem brechas espirituais e sintonizam com espíritos perturbadores. Muitas vezes, até sem se darem conta disso, os obsessores funcionam como freio ou alertas espirituais convocando à renovação.

É evidente que todo malfeitor, encarnado ou desencarnado, responderá pelo mal que faz. Como esclarece o Evangelho: *"Ai do mundo por causa dos escândalos; porque é necessário que venham escândalos; mas ai do homem por quem o escândalo venha.[67]"*

— *Há tipos ou graus diferentes de obsessão?*

— Sim, a Doutrina Espírita classifica didaticamente as obsessões em alguns tipos básicos:

- **Obsessão simples:** Influência de um espírito malfazejo no campo mental de uma pessoa, prejudicando sua qualidade de vida, sem apresentar sinais perceptíveis. Interferência mental e energética sutil que pode gerar tensão, desconforto, porém, esporadicamente. É o que popularmente se denomina de encosto. Praticamente todos os seres humanos sofrem algum tipo de obsessão desse nível.

- **Fascinação:** Uma ilusão produzida pela ação direta do espírito sobre o pensamento do obsidiado e que, de certa forma, lhe paralisa o raciocínio. O fascinado

---

[67] *Evangelho segundo o Espiritismo*, capítulo 8, item 11, Allan Kardec.

não acredita que esteja sendo enganado. O obsessor consegue inspirar confiança, impedindo-o de compreender o absurdo de seus atos.

- **Subjugação:** O espírito atua sobre as regiões motoras do cérebro em transe e provoca movimentos voluntários, podendo levar o subjugado a atos extremamente ridículos e até mesmo perigosos. É o que no meio religioso comumente é denominado de possessão.

— *Poderia apresentar alguns sintomas apresentados por pessoas que podem estar sendo vítimas de uma obsessão espiritual?*

— Sim. Alguns tipos básicos de obsessão espiritual incluem:

- Ideias fixas.
- Agitação e inquietude.
- Excessos no falar e no rir.
- Mutismo ou tristeza.
- Agressividade gratuita.
- Pranto incontrolável, sem motivo real.
- Ataques que levam ao desmaio, rigidez ou contorções.
- Vaidade exacerbada.
- Olhar fixo.
- Desleixo ou excentricidade na aparência pessoal.
- Medo injustificável.
- Desconfiança generalizada.

— É possível afastar os maus espíritos com rituais ou fórmulas?

— Não. Exorcismos, fórmulas, palavras sacramentais, amuletos, talismãs, práticas exteriores ou quaisquer sinais materiais são ineficazes. Elas podem ajudar a mudar a frequência dos pensamentos, mas não resolvem a questão.

— *Então, como um encarnado pode se prevenir de processos obsessivos?*

— Elevando, através da reforma íntima, a qualidade moral de seus pensamentos, sentimentos e atitudes.

— *Renovando-se moralmente a pessoa se liberta de qualquer tipo de obsessão espiritual?*

—Toda conquista real implica vontade firme e perseverança. Muitas vezes, o obsidiado precisa de acompanhamento terapêutico e orientação espiritual sistemática para mudar sua própria frequência mental e vibratória.

— *Não basta afastar da pessoa o espírito que a persegue e perturba?*

— Não. O indivíduo vítima da obsessão deve realizar a própria transformação moral, a mudança de seus hábitos mental e comportamental infelizes. Caso contrário, prosseguirá sob a influência perniciosa de espíritos equivocados em suas verdades.

— *Existe também a auto-obsessão?*

— Mais do que se imagina. A maior auto-obsessão é o domínio da mente acelerada e condicionada sobre a consciência profunda. A grande maioria da humanidade terrestre vive essa auto-obsessão. Na verdade, trata-se de uma identificação do ser pensante com a própria mente, promovendo o fortalecimento do ego, da ilusão.

Alguns tipos de auto-obsessão são:

- Misticismo doentio.
- Fanatismo religioso.
- Imaginação fantasiosa.
- Complexo de inferioridade.
- Complexo de superioridade.
- Culto ao corpo de pessoas excessivamente preocupadas com a beleza física.
- Ambição exagerada.
- Sede de poder.

— *Observa-se facilmente que a auto-obsessão está atrelada a posturas excessivas, que fogem à normalidade.*

— Exatamente. A ilusão do ego querendo sempre mais e mais, sem perceber a transitoriedade da vida física, perdendo de vista os valores da eternidade.

17. ROTEIRO PARA A SAÚDE INTEGRAL

— *Poderíamos encerrar esta parte deixando algumas diretrizes bem definidas para a conquista real da saúde integral?*

— Claro. Sugerimos a adoção de algumas posturas para aqueles que desejam manter a saúde e para os que procuram retornar ao equilíbrio psicofísico:

- Confie sempre em Deus. A fé é a base do verdadeiro equilíbrio psicofísico. Façamos a nossa parte e recordemos sempre o ditado inspirador *"nem uma folha cai sem a permissão do Pai"*.

- Procure se autoconhecer. Quem se conhece vive melhor, pois tem maior domínio sobre os próprios pensamentos e emoções.

- Busque sempre crescer espiritualmente, aprendendo com todos em cada momento da vida. Não estacione, nunca, na ignorância.

- Abandone as angústias do passado e as ansiedades em relação ao futuro. A única coisa que existe é o agora. Finque seus pés no momento presente e faça o melhor que puder pela sua vida e de seus semelhantes.

- Exercite o perdão. Cada um é o que consegue ser. Não carregue o peso inútil e tóxico da mágoa. Perdoe-se também, recomeçando sempre com entusiasmo e responsabilidade.

- Frequente, pelo menos uma vez por semana, um núcleo religioso sério que ensine as lições libertadoras da Espiritualidade Superior. Todo paciente precisa de um hospital. Deus, realmente está em toda parte, mas não fazemos cirurgias delicadas no quintal de nossa casa. Templos onde a Mensagem da Luz é divulgada são verdadeiros hospitais e escolas a serviço da harmonização e do equilíbrio das criaturas humanas.

- Dedique-se diariamente alguns minutos à leitura edificante. A leitura nos mantém em conexão com as forças espirituais do Alto.

- Nunca abandone a oração. Dialogue com Deus, com Jesus, com os bons espíritos. Orar é um ato de humildade que nos ajuda a caminhar com mais consciência e força, serenidade e confiança.

- Medite todos os dias, pelo menos por quinze minutos, e se abra para as energias da paz e do bem, através do silêncio interior. Se orar é falar com Deus, meditar é ouvir a Divindade.

- Fortaleça seus laços de família e de amizade. Sem a pretensão de agradar a todos. Seja verdadeiro, sincero, mas compassivo e tolerante. Lembre-se de que a verdade é um diamante, mas um diamante é uma pedra. Se atirado, pode machucar.

- Seja útil. Aprenda a servir. Tendo ou não emprego, trabalhe sempre. Os espíritos nobres afirmam: toda atividade útil é trabalho.
- Busque sempre o melhor. Estude arte, filosofia, ciências, política. Aprenda sempre! Adquira cultura, conhecimento, para que aos poucos a sabedoria brote do seu interior.
- Aperfeiçoe dedicadamente sua capacidade de se comunicar. Enriqueça seu vocabulário, sua expressividade. Sem comunicação não há verdadeira comunhão. A boa palavra tem o poder de gerar paz, harmonia e saúde.
- Tenha sempre atenção ao se utilizar das tecnologias e das redes sociais, hoje disponíveis. Sem disciplina, podemos nos tornar escravos dos jogos e máquinas, dos contatos virtuais e das futilidades. Tempo é muito mais que dinheiro.
- Alimente-se de forma adequada, dando prioridades a alimentos naturais, usando o princípio defendido por Hipócrates, o pai da medicina: "Que o eu alimento seja o eu remédio e que o seu remédio seja o seu alimento".[68]
- Pratique semanalmente atividades físicas. O corpo precisa de movimento e energia para que o espírito possa habitá-lo com segurança e harmonia.

---

[68] A autoria da frase atribuída a Hipócrates por vários estudiosos é uma referência que pertence à tradição oral.

- Realize todas as atividades diárias com atenção e carinho. Do ato da alimentação à atividade sexual, tudo é sagrado e deve ser vivido com entrega e dedicação. O divino está presente em tudo, basta silenciar a mente para senti-lo e percebê-lo.

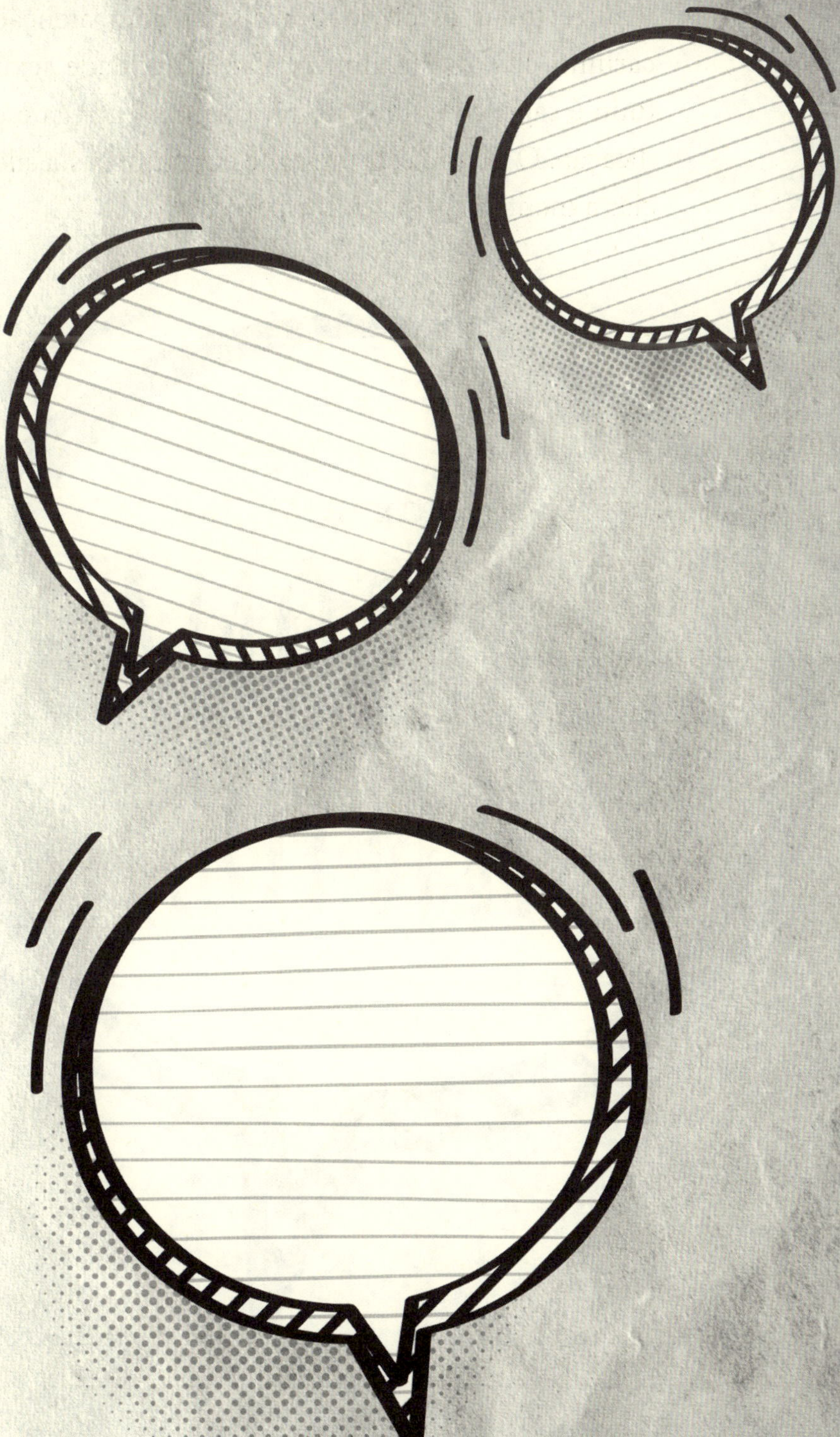

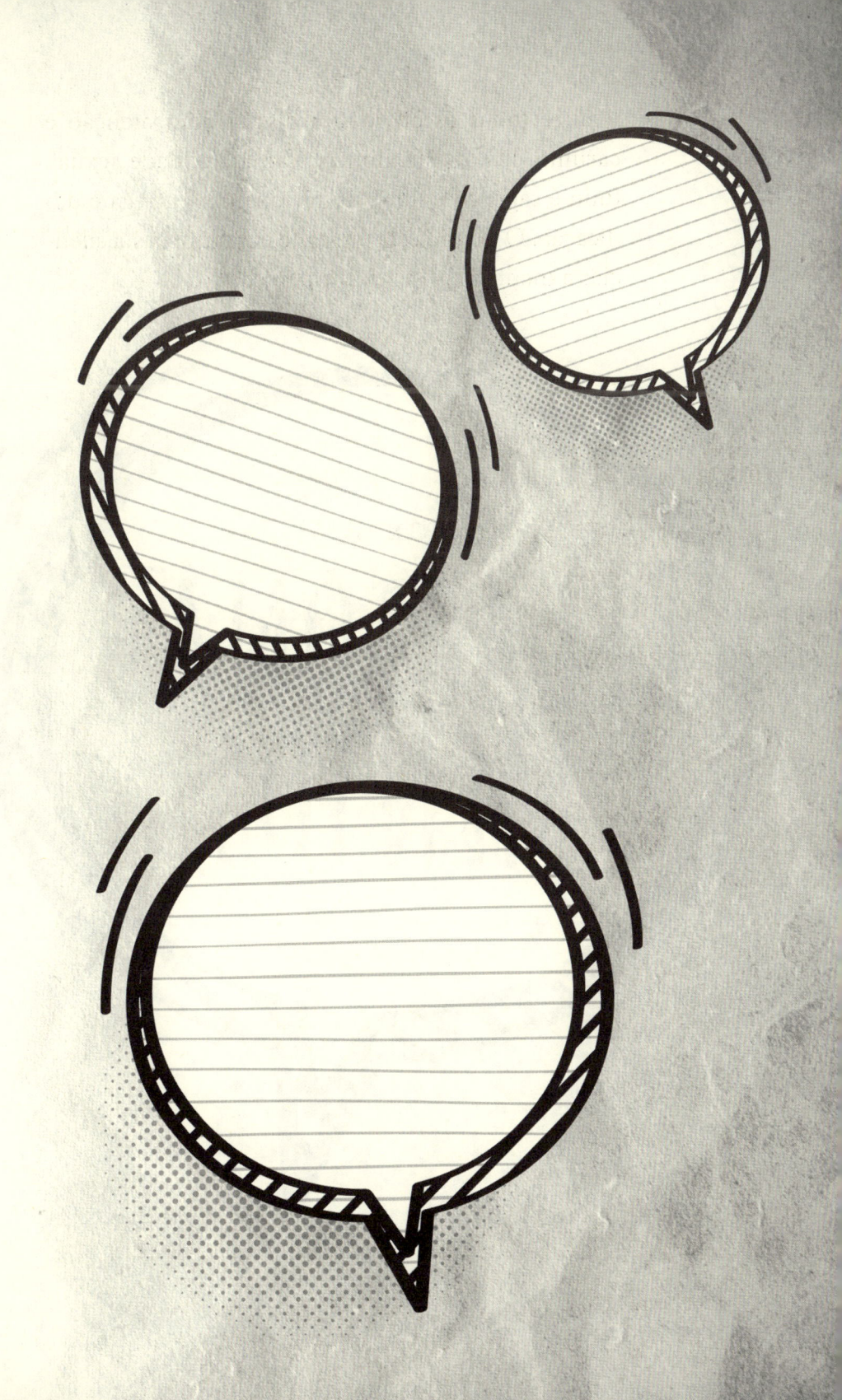

PARTE TRÊS

RELACIONA-MENTOS

1. UMA PROPOSTA DESAFIADORA

— *Podemos conversar agora sobre o terceiro tema sugerido por você, para compor mais um capítulo do nosso livro?*

— Claro. O tema deste capítulo tem a ver com um dos mandamentos de Jesus: "am*arás* o teu próximo como a ti mesmo"[69]. Diria que essa orientação do Divino Mestre é profundamente desafiadora porque, embora todos saibam que é imprescindível amar, o desafio é saber como amar.

Há inúmeras pessoas que cumprem disciplinadamente determinadas práticas religiosas, com rituais e paramentos, adulação e repetições exaustivas de textos considerados sagrados; mas, ao mesmo tempo, não estendem a mão a alguém que sofre, não respeita as minorias, não acolhe os carentes de pão e de afeto, não sabe trabalhar o perdão aos ofensores.

Há na Terra, na atualidade do mundo, um farisaísmo moderno. Muita religião na palavra e em práticas exteriores, pouco sentimento nobre no coração e pouca ação verdadeiramente amorosa e caritativa.

Essa questão é profundamente séria. Vemos Jesus, em todo o seu luminoso ministério, acolhendo pecadores, sofredores, necessitados, as minorias de sua época, mas foi rigoroso com os fariseus, aqueles que possuíam condutas e posturas religiosas, do ponto de vista da exterioridade, porém não viviam as diretrizes espirituais superiores no imo do coração e na vivência concreta.

---

[69] Mateus 22:39.

Allan Kardec explica o seguinte:

"Fariseus (do hebreu parush, divisão, separação). — A tradição constituía parte importante da teologia dos judeus. Consistia numa compilação das interpretações sucessivamente dadas ao sentido das Sagradas Escrituras e tomadas como artigos de mandamentos entre os hebreus. Constitui-se, entre os doutores, assunto de discussões intermináveis, na maioria das vezes sobre simples questões de palavras ou de formas, no gênero das disputas teológicas e das sutilezas acadêmicas desde antes de Cristo até a Idade Média. Daí nasceram diferentes seitas, cada uma das quais pretendia ter o monopólio da verdade, detestando-se umas às outras, como é costume acontecer."[70]

O Mestre chegou a asseverar que os fariseus fossem sepulcros caiados por fora e cheios de podridão por dentro,[71] e que "[...] Em verdade vos digo que os publicanos e as meretrizes entram adiante de vós no reino de Deus."[72]. Observemos a severidade do Cristo para com estes.

— *Por que é tão difícil à criatura humana saber amar e conviver de forma harmônica e feliz?*

---

70 *O Evangelho segundo o Espiritismo*, Introdução, Alan Kardec.

71 Mateus 23:27.

72 Mateus 21:31.

— Por trás das relações doentias e infelizes há criaturas imaturas do ponto de vista emocional.

— *Poderia sinalizar algumas posturas emocionais imaturas do ponto de vista relacional?*

— Sim, perfeitamente:

- Guardar mágoas no coração.
- Achar que tem o controle sobre a vida do outro.
- Amar o outro considerando seus recursos materiais.
- Amar o outro por sua beleza física.
- Amar o outro sem antes amar a si mesmo.
- Idealizar o relacionamento, perdendo contato com a realidade.
- Esperar que o outro nos faça feliz.

2. FAÇAMOS A NOSSA PARTE

— *O que você considera o principal erro presente em qualquer relacionamento? Seja entre marido e mulher, namorados, pais e filhos, irmãos, amigos, etc.?*

— O último item da questão anterior. A expectativa de que o outro nos faça felizes. Já que o tema agora é relacionamento, peço licença para falar na terceira pessoal do plural, já que todos nós, de fato, temos dificuldades e limitações nesse departamento. Não serei uma voz de fora dando receitas de bolo.

Não devemos depositar a nossa esperança de completude, em primeiro plano, na ação do outro, mas em nossa própria atitude. Afinal, como lembra a oração franciscana, "é dando que se recebe". Se fizermos o bem, naturalmente o bem, num efeito bumerangue, voltará para nós.

Façamos, portanto, sempre a nossa parte, deixando a parte do outro para o outro. Pacificando nosso coração, por meio de pensamentos e emoções, experimentaremos tamanha harmonia íntima que tornaremos nossos relacionamentos mais ricos, leves e prazerosos.

Muitas pessoas acreditam que a felicidade na Terra é constituída de prazeres físicos, posses materiais, poder e gratificações emocionais. Mas esses elementos constituem a verdadeira felicidade? Não. São ingredientes que podem complementá-la. A verdadeira felicidade está primeiramente fundamentada no profundo sentimento de conexão com a alma do mundo.

3. ALMA DO MUNDO

— *Alma do mundo!?*

— É uma expressão que me veio agora, inspirada no pensamento de alguns filósofos, para me referir à presença de Deus imanente em todos os seres, independentemente de ser percebida ou não. Ela é o pano de fundo de toda a Criação. É a energia essencial que une todas as criaturas em todos os planos, reinos e dimensões da vida.

Conectados a ela, sentimos plenitude, satisfação, liberdade, leveza. Desconectados dela, sentimos vazio, ansiedade, medo e insegurança.

Para Platão, discípulo notável de Sócrates, a alma do mundo é o princípio do cosmos e fonte de todas as almas individuais. É tudo o que está dentro do mundo e ao mesmo tempo entrelaçado a ele. É uma boa definição para a Consciência Divina que habita todos os elementos universais.

Plotino, outro filósofo grego, defendia a tese de que nela estão as matrizes de todos os seres, dela procedem todos as individualidades existentes, todas conectadas de forma inseparável. Nesse sentido podemos dizer que somos todos um.

— *Quando Jesus declarou: "eu e o Pai somos um"[73], estava falando de sua comunhão com a alma do mundo?*

— Sim. Em realidade. Deus é a Consciência Divina, a alma do mundo, ou seja, o Espírito Divino presente em toda a Criação.

---

73 João 10:30.

— *Fantástico! Você está inspirada hoje! Importante o leitor saber que um livro é escrito ao longo de dias, meses e, às vezes, anos. E que em cada dia o autor se encontra dentro de determinada influência.*

— Realmente você está me permitindo falar melhor hoje.

— *Quer dizer que normalmente eu atrapalho?*

— Quase sempre.

— *Puxa vida!*

— Posso prosseguir?

— *É você quem manda...*

— Para o filósofo, teólogo e escritor italiano Giordano Bruno, são funções específicas da alma do mundo: prover vida vegetativa, capacidades sensíveis, assim como a beleza e o mundo como um todo. Afirmou ele em *De la Causa, Principio e Uno*:

> *"Se, então, o espírito, a vida são encontrados em todas as coisas e preenche toda a matéria em vários graus, então eles são o ato real e a real forma de todas as coisas. Portanto, a alma do mundo é o princípio constitutivo formal do universo, e de qualquer coisa que o universo inclua; quero dizer, se a vida é encontrada em todas as coisas, então a alma é a forma de todas as coisas; é o que controla a matéria em todos os aspectos e predomina nos compostos, opera a composição e a consistência das partes."*

— E pensar que um homem com essa sabedoria foi queimado pela Inquisição romana[74], com a acusação de heresia ao defender erros teológicos!

— O ego coletivo não suporta a verdade minha cara. Mas o fogo só tem o poder de queimar corpos perecíveis, não os ideais e os espíritos.

Graças a Deus!

Apenas para concluir este tema, importante considerar que Santo Agostinho, um dos principais filósofos e teólogos dos primeiros séculos do Cristianismo, também defendeu a tese de *anima mundi*[75] em muitas de suas obras.

— A alma do mundo é apenas mais uma expressão representativa da presença de Deus por detrás de todas as formas transitórias que compõem a vida universal, não é isso?

— Exatamente. Deus imanente e transcendente.

---

74 Congregação Sacra, Romana e Universal do Santo Ofício

75 *Anima mundi* - do latim, "alma do mundo", é um conceito cosmológico de uma alma compartilhada ou força regente do universo pela qual o pensamento divino pode se manifestar em leis que afetam a matéria, ou ainda, a hipótese de uma força imaterial, inseparável da matéria, mas que a provê de forma e movimento. A história da teoria *anima mundi* remonta aos pré-socráticos e esteve presente nas filosofias de Platão, Plotino, Plutarco, Virgílio, Cícero e outros, sendo considerada tão antiga quanto a própria filosofia ocidental.

4. PERCEBENDO A NOSSA SOMBRA

— *As pessoas buscam umas às outras por uma necessidade de se completarem, não é isso?*

— Sim, mas deveriam se buscar mutuamente para se complementarem. Ninguém pode nos fazer felizes se, antes, nós não estivermos harmonizados com nós mesmos.

É claro que essa harmonia pode e deve ser conquistada também por meio dos relacionamentos. Principalmente quando nos dedicamos a observar nossa própria sombra que a sombra do outro aciona em nós.

— *A sombra do outro aciona a nossa sombra? Como assim?*

— Para termos contato mais ostensivo com nossas limitações, nossas más tendências, nossos complexos, enfim, nossas imperfeições, precisamos da presença de pessoas que as façam emergir do íntimo da nossa personalidade.

Aquela sogra difícil, aquela mãe possessiva, aquele esposo alcoólatra, aquele irmão temperamental e aquela esposa ciumenta, são convites ao desenvolvimento da paciência, da tolerância, da serenidade, da bondade. Se somente convivêssemos com anjos e santos, nossa sombra prosseguiria muito bem guardada no quartinho dos fundos da nossa alma.

A Terra, no seu plano físico, é esse grande ponto de encontro de espíritos provenientes de diversas dimensões espirituais, portadores de personalidades diferentes, muitas vezes antagônicas, oportunizando o desabrochar da Consciência Divina pelas vias da auto-observação e da reforma íntima.

— *Aqui, no plano material terreno, reunimo-nos para aparar nossas arestas reparar nossas diferenças. Nas dimensões espirituais os espíritos habitam dimensões de acordo com suas vibrações.*

Aliás, quem habita dimensões superiores podem descer aos irmãos alojados em estações espirituais inferiores, mas o contrário não é possível, não é mesmo?

— Exatamente. Já no plano físico esse contato entre seres com níveis diferentes de intelectualidade e moralidade é mais frequente. Muitas vezes, no convívio de pessoas com moralidade ruim, precisamos do espinho do outro ferindo a carne da nossa alma para fazer brotar luz em nosso espírito. No plano da matéria estamos submetidos à lei dos contrários, mas no plano espiritual, nos agrupamos pela lei das afinidades.

— É por isso que a possibilidade de evoluirmos no plano físico é maior? Por nossa sombra será mais facilmente acionada para ser trabalhada?

— Isso mesmo.

5. COMUNICAÇÃO E LEITURA

— *Poderia apresentar mais algum elemento que considera muito importante no campo dos relacionamentos?*

— O tema, talvez, mais essencial a ser estudado e trabalhado, dentro dessa temática relacionamento, é a importância da comunicação. Na dinâmica dos relacionamentos, a carência da comunicação consiste numa verdadeira pedra de tropeço para a maioria das criaturas humanas, muito especialmente para os casais.

Muitos casais enfrentam as dificuldades conjugais porque não conseguem dialogar satisfatoriamente, expor suas dores, anseios e necessidades.

— *Enquanto terapeuta, observo no dia a dia do meu consultório que, de fato, a dificuldade de comunicação é um dos principais problemas dos casais e na relação pais e filhos. A questão é das mais graves!*

Percebo que a dificuldade em se comunicar está no centro dos principais problemas enfrentados nas relações familiares. Refiro-me à falta de recurso ou a riqueza de vocabulário. Uma limitação muito grande de linguagem. Todo mundo tem o que dizer, precisa dizer, sabe mais ou menos o que dizer, mas não sabe nem como e nem quando dizer. É uma questão similar ao problema do amor ao próximo: Todos sabem que amar é importante, mas não sabem como amar.

Qual seria a primeira orientação para buscarmos uma forma de diminuir esse grave e ostensivo problema de dificuldade de comunicação?

— Você pode achar até muito simplista o que vou propor, mas não há nada que qualifique mais a comunicação verbal humana do que a prática sistemática da leitura. Existe uma frase atribuída a Monteiro Lobato afirmando de forma muito singular que aquele que não lê, mal fala, mal ouve, mal vê. E é verdade!

As pessoas que não têm o hábito da leitura carregam muita dificuldade no campo da comunicação. Não se expressam plenamente. Tropeçam nas palavras e, consequentemente, nas ideias. Palavras e ideias são irmãs que caminham de mãos dadas. A palavra é a roupa com a qual vestimos o nosso pensamento, e há muita gente com um guarda-roupa muito limitado, precário mesmo. Tentam dizer uma coisa e dizem outra completamente diferente. Diante disso, não há relação que caminhe com harmonia e equilíbrio.

— *Há algum tempo, li em algum lugar uma notícia formidável! Uma cidadezinha francesa com vinte mil habitantes possuía vinte livrarias*

— Precisamos estimular nas pessoas a prática da leitura. Nas cidades do interior do Brasil, praticamente não encontramos livrarias. Apenas em algumas casas espíritas e igrejas. Isso revela o quanto o povo brasileiro está distante do hábito da boa leitura que, inclusive, tem o poder de desacelerar a mente e pacificar as emoções.

Uma boa leitura é uma ferramenta excelente para nos desconectarmos dos pensamentos condicionados, relaxando e pacificando o diálogo mental interior, o vício mental de pensar sem parar. A leitura consegue interromper saudavelmente as análises infindáveis, as censuras, as acusações e os ciclos de pensamentos viciados sobre os problemas que não podemos resolver.

Já é de conhecimento comum que a limitação do funcionamento do cérebro, na velhice, pode ser reduzida em cerca de 30% se a pessoa desenvolver o hábito da leitura, além de proteger contra doenças como o mal de Alzheimer.

Estudos já publicados provaram que a leitura pode aumentar nossa capacidade de sentir empatia. Empatia consiste fundamentalmente em compreender e se solidarizar com outra pessoa. Quando estamos lendo, conectamo-nos com a realidade de outro alguém, mesmo que seja uma personagem fictícia; e podemos entender ou sentir o que é ser aquela pessoa. Vamos aprendendo a nos colocarmos no lugar do outro, percebendo que tipo de sentimentos o outro pode ter.

Um estudo bastante interessante e significativo do ponto de vista ético-moral e relacional foi realizado na Itália. Uma pesquisa com jovens constatou que aqueles que leram Harry Potter[76] são menos preconceituosos e têm mais probabilidade de se solidarizar com grupos sociais marginalizados como homossexuais, imigrantes e negros, por conta da associação feita entre a luta de Harry contra o preconceito pelos bruxos nascidos trouxas e as minorias marginalizadas da vida real.

— *Há poucos dias, postei numa rede social, que há pessoas que saem de casa para beber muito porque não têm assunto para tratar com os familiares. Não têm o que conversar. Muitos não*

---

76 Série de romances de fantasia escrita pela autora britânica J. K. Rowling.

leem, não gostam de arte, filosofia, teatro e muito menos se interessam por espiritualidade. A falta de assunto é preenchida pelo excesso de bebida e, muitas vezes, por outras drogas. Parece exagerado o que escrevi, mas percebo nitidamente que por não se ter o que conversar, o que comungar, o que comunicar – tornar comum – muitos recorrem à bebida para estarem juntos, socializados, integrados. Se possuíssem assuntos interessantes para conversar, para partilhar, não precisariam beber tanto!

— E quando estão em casa, essas mesmas pessoas ficam muito mais no celular e na televisão do que conversando entre si. Há filhos que são monossilábicos no ambiente do lar. Os pais perguntam e as respostas são: "sim", "tá", "é"... Estão praticamente mudos.

Muitas vezes também estão hipnotizados, principalmente por algum jogo eletrônico no celular, no *tablet*, no computador, ou perdidos em alguma inutilidade das redes sociais.

Não estou abominando as tecnologias da atualidade, elas são bênçãos quando bem utilizadas, estou apenas alertando para o uso abusivo e alienante delas. As máquinas existem para servirem aos homens, mas o que tem acontecido é que os homens estão se tornando escravos das máquinas. Na verdade, o desenvolvimento de diversas tecnologias tem sido oportunizado pelo Alto para que as criaturas humanas dediquem mais do seu tempo aos estudos da espiritualidade, porém, como podemos constatar, não é assim que tem se processado.

6. ESTRAGUE SEU RELACIONAMENTO COM O CELULAR

— *Observei que você escolheu um título meio pesado para este tópico!*

— Sim, porque a questão é grave! Já falamos alguma coisa sobre as tecnologias no item anterior, especialmente sobre o perigo de muitos jogos eletrônicos, e agora precisamos abordar a questão específica do uso do celular e os relacionamentos.

São diversas as ferramentas oferecidas no celular oportunizando encontros virtuais entre as pessoas. *WhatsApp, Facebook, Twitter, Instagram, Snapchat* são canais abertos que nos atualizam sobre o cotidiano de quem não vemos sempre, podem nos reaproximar de pessoas que fizeram parte de nossa infância, facilitam o contato rápido com namorados(as), esposos(as), amigos e familiares.

Mas será que estamos usando na medida certa essas ferramentas? Ou temos nos refugiado nessas conexões virtuais e nos afastado demasiadamente das pessoas que vivem e convivem conosco?

— *Entendo. Além da mente acelerada que já afasta tanto as pessoas umas das outras, agora temos também o domínio dos celulares sobre as mentes.*

— Antes do advento da televisão, as famílias tinham a oportunidade de conversar mais. A palavra lar vem de lareira. Na Antiga Roma, as famílias se reuniam em torno das lareiras para conversar. Esse era o momento da reunião, do diálogo, da partilha do dia, da comunhão afetiva. No século 19, no Brasil, familiares se reuniam à noite para lerem contos e novelas de José de Alencar e Machado de Assis. E, naturalmente, comentarem os textos literários.

— E hoje? Será que é justo e realmente bom, trocarmos totalmente a realidade da vida em família pela vida deslumbrante explicitada dia e noite nas redes sociais?

— Não estamos propondo evidentemente o afastamento absoluto dessas novas possibilidades fantásticas de comunicação. O autor deste livro, por exemplo, se utiliza quase todas elas para contatar amigos, familiares, divulgar nossos livros, palestras, enfim, nosso trabalho. O problema, é preciso enfatizar, não está nas tecnologias e sim no uso abusivo delas. No domínio que elas estão exercendo sobre as consciências adormecidas – e viciadas – de crianças, jovens, adultos e idosos.

Os casais precisam criar um espaço vazio para se encontrarem de fato.

— *Como assim, um espaço vazio?*

— Sem televisão, celular ou qualquer outra tecnologia. Sem outras pessoas por perto. Pelo menos duas vezes por semana, os parceiros precisam sentar juntinhos, sozinhos, para se olhar com calma, sentir um ao outro, realizar uma conexão maior. Em síntese: Precisam namorar. Não somente no momento de sexo, mas também de comunhão. De conexão entre almas!

Você que me lê neste exato momento, há quanto tempo você e seu parceiro ou parceira não se olham com afeto, não se tocam com carinho, não conversam com atenção, não trocam elogios? Há quanto tempo vocês têm sido apenas bons amigos, conversando apenas os assuntos do trabalho e da luta diária? Vocês têm namorado como no início do relacionamento?

As pessoas casam e param de namorar, muitas vezes param antes mesmo de se casarem, e isso é trágico! É o fim da relação!

7. VENCENDO A SOLIDÃO

— *As tecnologias também têm o lado positivo. Tudo depende de como as utilizamos, não é?*

Creio que não podemos adotar posturas extremistas e retrógradas, condenando tudo que é novo ou diferente.

Certa vez, recebi no consultório uma senhora de setenta anos, fisicamente muito saudável, mas emocionalmente fragilizada, triste, profundamente desanimada da vida. Após a anamnese[77] habitual, constatei que o ponto central de sua desarmonia íntima, de sua angústia, era a solidão.

A senhora era casada, mas não tinha filhos. O marido, um senhor muito educado, porém, muito cauteloso na fala e pouco comunicativo. As irmãs moravam muito longe. Somente com uma delas minha paciente se comunicava por telefone uma vez por semana. Tomei conhecimento ao longo da sessão que a senhora não possuía WhatsApp, seu celular era dos mais antigos Assim, não tinha como se comunicar mais frequentemente com as irmãs, os sobrinhos e outros familiares. Tive um insight na hora! "Ela precisa de um WhatsApp!" Prescrevi a aquisição de um aparelho celular mais moderno e a imediata instalação desse aplicativo.

— Você me surpreendeu naquele dia. Acho que perdeu a sintonia comigo e seu guia, e alguma consciência perturbada assumiu o comando. (risos)

---

77 Histórico feito pelo psicólogo com base nas informações colhidas com o paciente.

— *Ela estava solitária demais. Não podia permanecer daquele jeito. Eu tinha certeza de que um aplicativo de comunicação a ajudaria. Na semana seguinte ela chegou com um sorriso aberto. Igual uma criança. O celular na mão. Pediu-me para ajudá-la a aprender a enviar áudios. Ensinei com todo carinho. Mostrou-me as conversas escritas com os sobrinhos, um primo distante, etc. Curou-se da solidão!*

— Agora é preciso observar se ela não pôs o marido num banquinho no quintal, tomando sol, e se esqueceu dele lá!

— *Isso é verdade! Como é difícil encontrar o Caminho do Meio, não é? Transitamos da solidão para o turbilhão de contatos no celular. E, muitas vezes, apenas ocupamos a mente com notícias, imagens, dados sem importância, mas prosseguimos vazios afetivamente. Ela e o marido conversavam muito pouco. O senhor, como disse, muito fechado, de pouca conversa. E ela, muito solitária, estava se deprimindo dia após dia. Precisava de mais gente para partilhar sua vida.*

A vida é partilha!

— O diálogo é fundamental para a harmonia conjugal.

8. SEM BOA CONVERSA NÃO HÁ RELACIONAMENTO FELIZ

— Uma vez, li algo muito interessante escrito pelo grande educador, psicanalista e escritor Rubem Alves que dizia mais ou menos o seguinte: se você quer saber se pode se casar com alguém se pergunte 'Eu gostaria de conversar com essa pessoa o resto da minha vida?' Se a resposta for sim, pode casar-se.

— Realmente. A sintonia de ideias oportuniza o diálogo sempre interessante, agradável e rico. Se o casal não tem assunto, não tem o que partilhar com alegria e satisfação, a relação poderá ficar pendurada por um tempo somente no prazer do sexo, e isso é pouco. Sexo é muito bom, mas, para viver junto é preciso mais do que sexo. É preciso carinho, companheirismo e diálogo.

Na Codificação encontramos um texto profundamente elucidativo:

> *"No espaço, os Espíritos formam grupos ou famílias entrelaçados pela afeição, pela simpatia e pela semelhança das inclinações. Ditosos por se encontrarem juntos, esses Espíritos se buscam uns aos outros. A encarnação apenas momentaneamente os separa, porquanto, ao regressarem à erraticidade, novamente se reúnem como amigos que voltam de uma viagem. Muitas vezes, até, uns seguem a outros na encarnação, vindo aqui reunir-se numa mesma família, ou num mesmo círculo, a fim de trabalharem*

juntos pelo seu mútuo adiantamento. Se uns encarnam e outros não, nem por isso deixam de estar unidos pelo pensamento. Os que se conservam livres velam pelos que se acham em cativeiro. Os mais adiantados se esforçam por fazer que os retardatários progridam. Após cada existência, todos têm avançado um passo na senda do aperfeiçoamento. Cada vez menos presos à matéria, mais viva se lhes torna a afeição recíproca, pela razão mesma de que, mais depurada, não tem a perturbá-la o egoísmo, nem as sombras das paixões. Podem, portanto, percorrer, assim, ilimitado número de existências corpóreas, sem que nenhum golpe receba a mútua estima que os liga. Está bem visto que aqui se trata de afeição real, de alma a alma, única que sobrevive à destruição do corpo, porquanto os seres que neste mundo se unem apenas pelos sentidos nenhum motivo têm para se procurarem no mundo dos Espíritos. Duráveis somente o são as afeições espirituais; as de natureza carnal se extinguem com a causa que lhes deu origem. Ora, semelhante causa não subsiste no mundo dos Espíritos, enquanto a alma existe sempre. No que concerne às pessoas que se unem exclusivamente por motivo de interesse, essas nada realmente são umas para as outras: a morte as separa na Terra e no céu."[78]

Espíritos afins têm ideias e ideais semelhantes. Mesmo não sendo idênticos e, claro que não precisam ser, olham numa mesma

---
[78] *O Evangelho segundo o Espiritismo*, capítulo 4, item 18, Allan Kardec.

direção. Isso é uma verdadeira bênção para um casal. Quando há uma grande disparidade de entendimento, pensamento e interesse, é muito difícil e árida a relação.

Vínculos afetivos e emocionais de qualidade despertam potenciais divinos adormecidos na intimidade das criaturas humanas!

9. O IMPORTANTE PAPEL DO NAMORO

— *Qual a função do namoro na vida do futuro casal?*

— O namoro é um período muito importante para se fazer uma avaliação lenta, mas conscienciosa, do parceiro ou parceira. De si mesmo também. E da relação em si.

É necessário mesmo fazer algumas perguntas sobre um eventual e futuro parceiro para não se assustar depois com um desconhecido dentro de casa. E isso acontece mais do que se imagina.

Muitos, durante o namoro, curtem tanto, viajam tanto, fazem sexo, vão a muitas festas e baladas, mas não têm tempo de se conhecerem de fato. São pessoas que se beijam, se falam, dormem juntas, mas no fundo são dois desconhecidos. Quando se casam, levam aquele susto e dizem que o outro mudou demais, não é mais o mesmo, mas a verdade é que o outro era desconhecido.

— *E o que poderíamos observar no outro antes de nos casarmos?*

— Algumas indagações que devem ser observadas no outro:

- Em que acredita?
- Qual o seu ideal de vida?
- Qual o seu propósito na Terra?
- Quais os seus valores ético-morais?
- Qual a sua visão sobre espiritualidade?
- É materialista?

- É ateu?
- Ganancioso?
- Orgulhoso?
- Honesto?
- Gosta de trabalhar?
- É dedicado àquilo que faz?
- Quais os seus sonhos?
- Tem uma boa conversa?
- O que pensa sobre família?
- Pode ser um bom pai ou uma boa mãe?
- Como se relaciona com os meus familiares?

Sem uma análise, o risco de nos casarmos com pessoas muito diferentes de nós é grande. Isso não significa que a união e o aprendizado não sejam possíveis, mas que o caminho pode ser mais difícil e, muitas vezes, doloroso.

Com consciência, porém, é possível que muitos consigam fazer de um limão uma boa limonada e, com amor, até mesmo um mousse de limão saboroso. Mas não é fácil!

É muito importante aos parceiros, portanto, buscarem crescer em conhecimento, aprender juntos, ler, estudar para enriquecerem suas partilhas, suas conversas, qualificando dia após dia o relacionamento. Sem diálogo, sem conversa agradável, emoldurada de afeto e carinho, os casais não conseguirão nem mesmo ser amigos, muito menos namorados e amantes.

10. DICAS PARA O DIÁLOGO DO CASAL

— *Na questão 766 de O livro dos espíritos, os espíritos asseveram que "Deus fez o homem para viver em sociedade. Não lhe deu inutilmente a palavra e todas as outras faculdades necessárias à vida de relação". Poderia sinalizar algumas dificuldades que os casais apresentam ao dialogar?*

— Perfeitamente. Na verdade, gostaria de propor algumas dicas para um saudável diálogo entre o casal:

- **Não falar tudo na hora da briga** – Muitos casais somente manifestam o que estão pensando ou sentindo no momento acalorado das brigas, quando os ânimos estão alterados, ou seja, quando estão com as consciências dominadas pelo turbilhão mental de pensamentos e emoções em desalinho. É evidente que os resultados serão negativos porque será um conflito de egos e não uma partilha de consciências. Sair do controle do ego é a grande conquista dos casais.

- **Saber ouvir** – Falar mais do que ouvir é outro problema nos diálogos dos casais. Deveríamos seguir a sabedoria do corpo, temos dois ouvidos e uma boca, portanto, deveríamos ouvir mais do que falar. O problema é que o ego sempre quer sobrepor o outro, dar a última palavra, sair ganhando, por isso quer sempre falar, falar e falar.

Ouvir, acolhendo o que o outro tem a dizer, é uma das mais belas formas de amar e respeitar. Isso não quer dizer concordar com tudo, mas ouvir com atenção e carinho. Quase sempre estamos ouvindo quem fala, maquinando o que dizer depois, perdidos na ladainha mental, dominados pelo fascínio dos próprios pensamentos. Há pessoas que transformam o diálogo em monólogo e não percebem que estão perdendo uma bela oportunidade de abraçar o companheiro ou a companheira sem usar os braços. Ouvir o outro com atenção e consideração é abraçá-lo com o coração.

- **Não silenciar sempre** – Diante de certos conflitos conjugais, há pessoas que silenciam completamente, engolindo todos os sapos e não explodem, mas implodem emocionalmente, numa falsa postura de resignação. Os extremos são sempre perigosos: falar muito ou silenciar sempre. O Caminho do Meio é o do equilíbrio e bom senso. Podemos perfeitamente discordar de opiniões, manifestar nossos pontos de vista, sem agredir, sem ferir. As palavras reprimidas podem se acumular no corpo, somatizar energias emocionais densas, provocar adoecimento orgânico. Falemos, sim; discordemos, sim; porém com moderação e respeito.

- **Colocar-se no lugar do outro** – Devemos sempre nos colocar no lugar do outro, quando debatemos questões delicadas da relação. Precisamos nos indagar: "E se eu estivesse no lugar do outro, o que pensaria? O que sentiria? O que faria?" Essa é uma interessante diretriz, que parece simples, mas que pode trazer muita lucidez nas discussões. Colocar-se no lugar do outro é uma arma mortal contra o ego.

- **Evitar sempre os palavrões** – Respeitar sempre o parceiro, evitando todas as palavras ofensivas e os palavrões. Conforme esclarecem as Escrituras[79], a palavra tem o poder de dar a vida e dar a morte. Respeitar significa olhar uma segunda vez. Quando aprendemos a olhar por uma segunda vez, aprendemos a silenciar a mente, o ego, para contemplar toda a história do casal e não apenas o momento angustiante do conflito. Sair do controle da mente é a grande chave para a harmonização conjugal. Antes de qualquer palavra agressiva e negativa, pergunte-se: "E depois?". Como ficaremos depois das palavras lançadas sobre o outro.

- **Não gritar** – Uma das coisas mais terríveis no diálogo é quando trocamos a fala equilibrada pelo grito estridente. O grito é apenas uma forma imatura e emocional de defesa para as pessoas que percebem que vão perder no diálogo. O ego, quando percebe que num diálogo sereno e saudável não terá como vencer, porque não tem argumentos sólidos, grita para não morrer.

- **Concluir sempre a conversa** – Outro ponto importante a observar é não encerrar os diálogos sem concluir o assunto. Não terminar saudavelmente

---

79 Provérbio 18:21

uma discussão é jogar lixo emocional para debaixo do tapete do coração. Muitas pessoas dizem que a relação acabou porque o copo transbordou, o problema que levou à separação foi a última gota que fez o copo transbordar. Importante considerar que só existirá a última gota se não enxugarmos a primeira com a toalha do diálogo saudável. Um diálogo realmente saudável deve sempre ter um fim, nada de deixar para amanhã ou depois de amanhã. Temos de concluir cada debate ou conflito, para não caminharmos com amargura no coração. Não deixe seu copo transbordar!

- **Não sair vencedor de um diálogo** – Querer sair vencedor dos diálogos é outra artimanha egoísta e destrutiva. Quando um dos parceiros sempre ganha, o casal perde. A emoção que deve permear as conversas é a emoção da partilha, da comunhão, mesmo quando um conseguir demonstrar equilibradamente que seu ponto de vista é mais coerente. Como se indaga popularmente, queremos ter razão ou ser felizes? Ninguém é dono da verdade. Há indivíduos mais maduros e experientes, mas como dizia Chico Xavier, "a única voz que o orgulho sabe ouvir é a voz da humildade". E o benfeitor espiritual Emmanuel também esclarece que *"a vitória real é a vitória de todos"*[80].

---

80 *Palavras de vida eterna*, capítulo 64, Emmanuel, Chico Xavier.

- **Saber pedir desculpa** – Saber pedir desculpa quando falamos ou fazemos algo contra nosso parceiro ou parceira é algo muito importante. A palavra pode ser profundo instrumento de cura e libertação quando utilizada para pedir perdão, reconhecer uma falha, um equívoco. Somente dois tipos de pessoas nunca voltam atrás: as que sabem tudo e as que acham que sabem. E as que acham que sabem de tudo, na Terra, são apenas orgulhosas e não sábias.

11. A INFLUÊNCIA DOS PAIS NA VIDA CONJUGAL DOS FILHOS

— *Vejo muitos pais interferindo na vida conjugal de seus filhos. Acho isso um equívoco. Poderia nos falar um pouco sobre este assunto? Até que ponto pai e mãe, sogro e sogra podem realmente participar da vida de um casal?*

— Exceto quando há a presença de algum tipo de violência por parte de um dos cônjuges, limitando a ação do parceiro, carecendo, por isso, da intervenção de algum familiar, ninguém deve interferir na vida do casal. A vida conjugal é um laboratório de almas complexo e delicado. Qualquer avaliação ou julgamento por parte de quem esteja de fora é muito arriscado.

O problema maior, porém, não consiste nesse tipo de interferência, mas na influência que todos sofremos ao longo da vida, na convivência com os nossos pais. Os futuros esposo esposa são arquitetados durante todo o processo da infância e da juventude do contato continuado no ambiente do primeiro lar que nos acolhe em cada reencarnação.

— *Essa questão realmente parece mais séria do que a que apresentei. Não foi por acaso que Jesus sinalizou com muita ênfase: "Quem ama pai ou mãe mais que a mim, não é digno de mim[81] [...]" Em psicanálise se diz que "o menino é o pai do homem", ou seja, o que vivemos na infância pode determinar profundamente nossa vida adulta*

---

81 Mateus 10:37.

— Sem dúvida. Muitas filhas que presenciaram o ciúme exacerbado da mãe pelo pai, vão se tornar namoradas e esposas inseguras, ansiosas e também ciumentas.

Filhos de pai que agredia a esposa por conta do consumo excessivo de álcool podem vir a se tornar também alcoólatras e agredirem também suas companheiras.

Filhos que viram, durante uma infância inteira, os pais se agredindo mutuamente com palavrões, também poderão repetir esse hábito infeliz com seus parceiros.

Muitos serão os condicionamentos que assumirão o controle da vida mental e conjugal das pessoas, caso elas não iniciem com dedicação o processo de autoconhecimento e desenvolvimento da espiritualidade, percebendo-se como espíritos eternos, individualidades com autonomia moral e independência consciencial.

Claro que as boas influências também ocorrerão, colaborando para que os filhos se tornem maridos e esposas conscientes, sem tantas inseguranças e temores. O fato é que há sempre uma tendência em reproduzir a relação conjugal dos nossos pais em nossas relações, sejam os aspectos negativos ou positivos.

— *E como podemos nos libertar de influências negativas como essas na idade adulta?*

— Estudando, lendo livros que unam autoconhecimento e espiritualidade, se observando e observando os pontos negativos do relacionamento dos pais. Procurando perceber quais valores valem a pena preservar e quais precisam ser reciclados.

Após a identificação dos pontos negativos, trabalhar seriamente por sua transformação.

Uma terapia, conduzida por profissional competente, também vai ajudar em muito nesse sentido.

12. AS DIMENSÕES DO AMOR

— *Por meio de um relacionamento conjugal, podemos constatar a beleza da vida, às vezes, ainda tão escondida por detrás das experiências diárias comuns, por conta de nossa aceleração mental?*

— Sem dúvida, porque o amor é o caminho para se contatar a própria vida. Somente o amor pode conferir significado à existência. Ele é a própria existência. O amor, a alegria e a paz são os estados naturais da consciência profunda, a vida que somos.

O amor é a alma da vida!

Todos os seres iluminados que encarnaram na Terra nos falaram do amor, mas, sobretudo, vivenciaram o amor.

Mas o uso da palavra já está tão vulgarizado que, muitas vezes, quando se fala em amor, dificilmente as pessoas conseguem saber sobre o que exatamente se está falando. A verdade é que o amor tem múltiplas dimensões inclusive nas relações conjugais.

— *Múltiplas dimensões?*

— O amor manifesto nas relações conjugais se apresenta em três aspectos e deve estar a caminho de uma quarta dimensão.

A primeira dimensão do amor conjugal podemos chamar de amor-físico. É a necessidade física que temos uns dos outros, muito bem representada no início da vida humana na figura do bebê sugando o seio da mãe. Um doa e o outro recebe.

Não há nenhum problema nessa manifestação afetiva, que se manifesta plenamente através da relação sexual. Haverá problema se nos fixarmos somente nessa dimensão material do amor, sem a transcendermos.

A segunda dimensão é o amor-emocional. Trata-se do amor que emoldura principalmente as paixões na juventude. A felicidade encontrada no outro. Os gregos denominavam esse amor de Eros. Matá-lo em nós é perder boa parte de nossa alegria, do encantamento, da poesia da vida. Essa é a dimensão mais prejudicada pela rotina.

Enquanto terapeuta, observo que pelo menos noventa por cento dos casais que estão juntos há mais de cinco anos são muito afetados pela rotina diária. Com o passar dos anos, diante dos desafios naturais do lar, com a dedicação aos filhos, o excesso de trabalho, e, principalmente, a falta de tempo para estarem juntos, a sós, conversando e namorando tranquilamente, os parceiros vão perdendo a alegria e a motivação na relação. A rotina, se não observada com atenção, é capaz de destruir totalmente o relacionamento, principalmente quando os casais não ficam atentos e não cultivam o carinho, a ternura, o cuidado

Esse é o maior desafio de todos os casais depois de alguns anos de união, e até mesmo entre namorados que estão juntos há muito tempo.

Muitos não percebem que com o tempo se tornam apenas amigos que moram juntos e fazem sexo. Não há mais o cultivo da atenção, o prazer das carícias, o cuidado que existia no período inicial do namoro. A conversa carinhosa. O diálogo afetivo.

Normalmente, depois de algum tempo de convivência debaixo de um mesmo teto, os casais somente conversam os assuntos referentes aos filhos, ao trabalho, às necessidades básicas do lar. Isso é lamentável! Os parceiros, independentemente da idade e do tempo que estão juntos, devem sempre namorar, cuidar um do outro. Manifestar a alegria de estarem juntos, partilhando as bênçãos da vida conjugal. Namorar também é uma forma de estar em permanente comunhão com Deus através do próximo.

Preservar o Eros é namorar eternamente. É disso que todos os casais precisam. Um telefonema, uma mensagem no celular, um presentinho ainda que simbólico, tudo isso faz parte da preservação de Eros ou do amor emocional na relação. Mas também não devemos nos fixar somente nessa dimensão. A fixação no amor-emocional, certamente, é a causa dos relacionamentos fugazes, da troca permanente de parceiros e que pode passar pelo seguinte caminho:

- Desejo ardente
- Incompletude.
- Decepção.
- Frustração.
- Acusação.
- Mágoas.
- Separação.

— *E a terceira dimensão do amor?*

— A terceira dimensão do amor conjugal é o amor-companheirismo, filho da maturidade e da reciprocidade. Nesse nível há partilha profunda. Não apenas um doa e o outro recebe. Há trocas, permutas, diálogos. Nessa dimensão, a disciplina, o respeito e a ternura se consolidam, amparando as duas dimensões anteriores.

Também verificamos no amor-companheirismo a aceitação dos limites do outro. Essa seria a dimensão mais elevada do amor humano. Mas, agora, já somos convidados à quarta dimensão do amor, que transcende o matrimônio. Não podemos permanecer somente nas dimensões anteriores, embora devamos vivenciá-las plenamente.

— *A quarta dimensão do amor seria um amor mais sublimado?*

— A quarta dimensão é o amor-divino, que os gregos denominavam de ágape. É o amor perfeitamente simbolizado pela figura do Sol que derrama luz sobre tudo o que existe, sem qualquer discriminação.

É o amor crístico! O amor que ama os inimigos. Acredito que esse é o grande objetivo da vida, amar a todos incondicionalmente. Derramar o nosso amor sobre todos os seres, e encontrar nesse divino ofício a alegria de existir.

— *Embora o amor mais elevado seja o amor-divino, não podemos reprimir qualquer das dimensões anteriores, não é isso?*

— Realmente, reprimir não. A evolução espiritual, no entanto, não nos permitirá estacionar numa única dimensão, até alcançarmos a plenitude do amor pleno, vivendo em comunhão com a alma dos seres presentes em todas as expressões da vida universal. Nascemos de Deus, simples e ignorantes, e retornaremos a Deus, conscientes e sábios. Essa é a longa jornada do espírito rumo à individuação, à plenitude.

Da mônada[82] ao anjo, somos conduzidos pela bondade divina, que nos oportuniza sair do eu para o nós, do ego para a consciência, cada vez mais sábios e amorosos.

— *Voltamos à tese da alma do mundo!*

— Sim, voltamos. E caminhamos rumo à comunhão plena!

---

82 Mônada, é um conceito-chave na filosofia que significa a centelha divina, o princípio inteligente, a essência imortal da criatura humana.

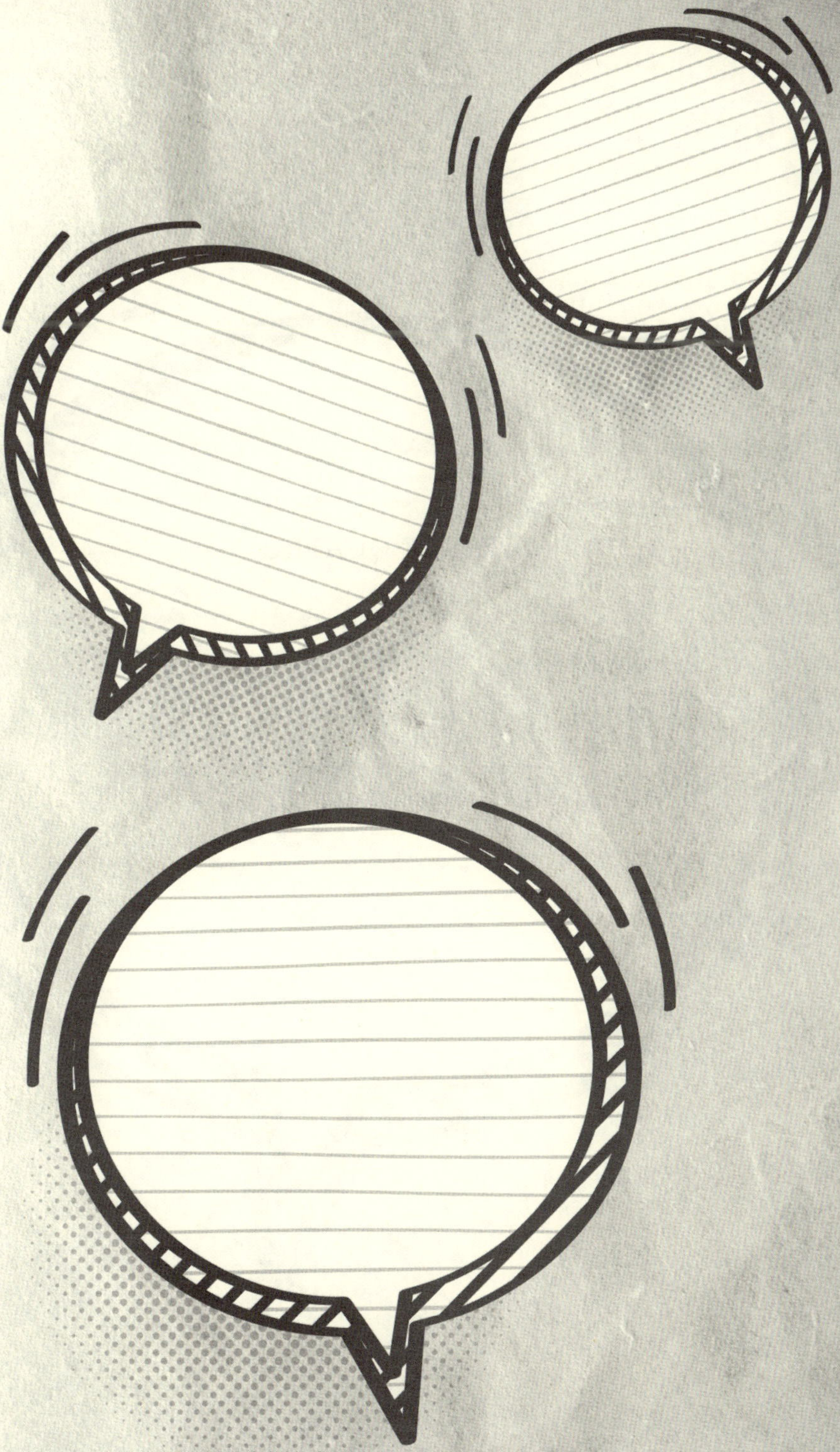

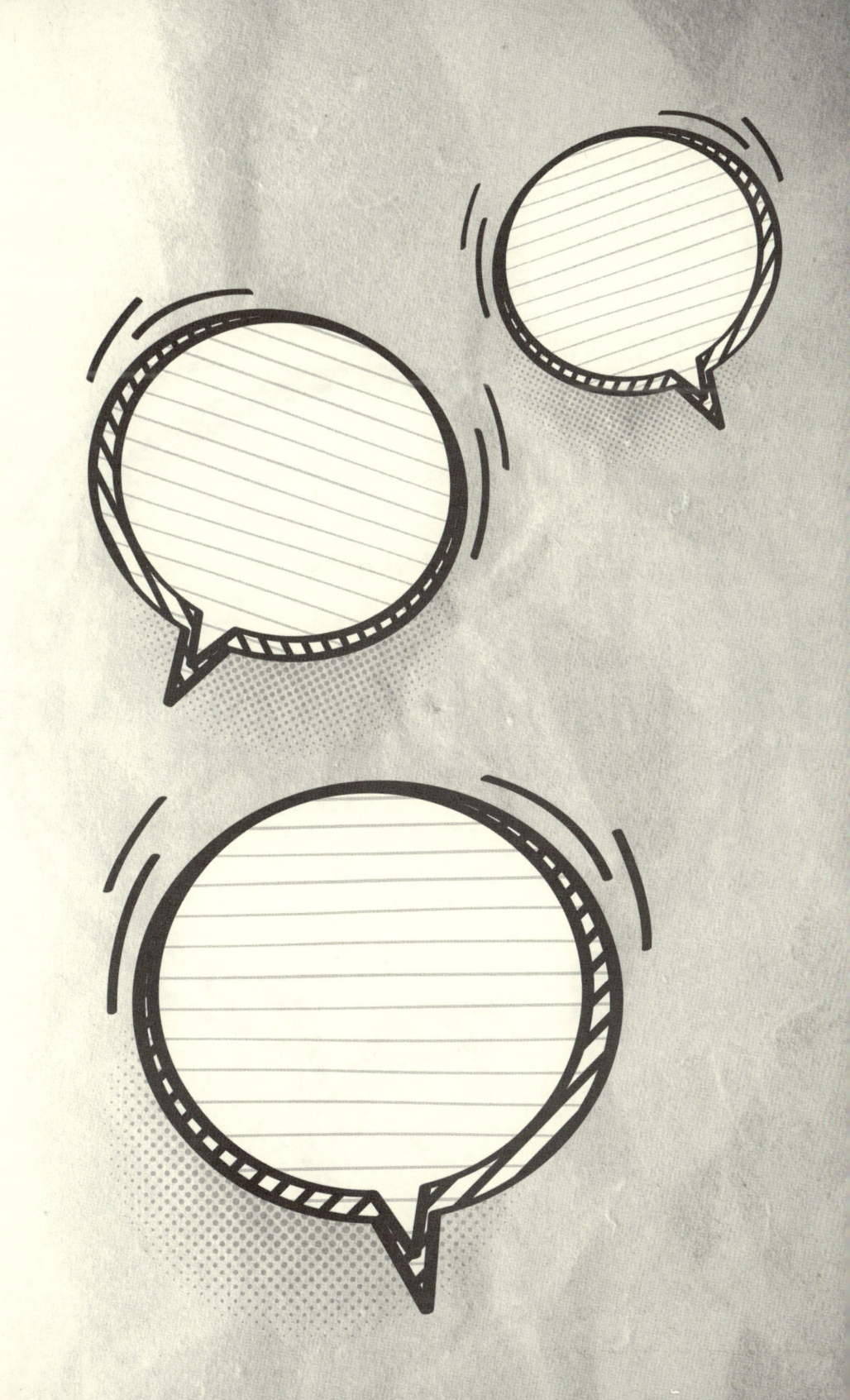

PARTE QUATRO

MEDITAÇÃO

1. ESTRESSE PATOLÓGICO

— *Chegamos a última parte de nosso livro. Acho que estou conseguindo corresponder relativamente bem ao que você planejou, apesar das minhas tantas limitações.*

— Realmente você não atrapalhou tanto! (risos) Os bons espíritos são generosos, e conseguem fazer algum som, mesmo quando as cordas estão meio bambas.

— *Trabalho muito, mas graças a Deus não me falta energia para, além da vida em família, prosseguir atendendo os pacientes com carinho e cuidado, coordenar as reuniões em nossa casa espírita[83], escrever os nossos livros, gravar programas para as mídias e viajar realizando palestras e seminários, divulgando o Conhecimento Espírita. Isso tudo é alimento para minha alma, combustível para minha jornada. É uma necessidade íntima e um prazer existencial!*

— Eu sei. Para realizar todas as nossas atividades é muito importante ter disciplina, principalmente para saber cuidar da própria mente. Saber descansar, desacelerar e higienizar o campo mental. E uma das principais ferramentas para uma harmonização interior é a prática sistemática da meditação. Sem meditar, dificilmente a criatura humana dá conta de viver com equilíbrio na atualidade do mundo por conta dos infindáveis estímulos audiovisuais, dos compromissos e cobranças, das tensões e preocupações que a vida na Terra apresenta, acelerando em demasia o funcionamento mental.

---

83 *Sociedade espírita paz, amor e caridade, Espera Feliz* (MG)

A mente humana comporta o universo, mas o ritmo do seu funcionamento precisa ser harmônico, não acelerado.

— *Qual o principal efeito na saúde humana de uma mente acelerada, agitada?*

— O estresse crônico ou patológico, denominado, em Fisiopatologia, de Síndrome Geral de Adaptação (SGA). Quando o indivíduo passa por situações de risco ou perigo, o organismo reage de forma sequencial:

- Reação de alarme diante do perigo.
- Fase de adaptação.
- Fase de esgotamento ou exaustão.

Permanecendo exposto por longo período a situações de risco ou ameaça, ocorre o processo de adoecimento do organismo, podendo chegar até à morte. Na atualidade, as pessoas estão vivendo uma espécie contínua de neurose, a neurose de competição, que as conduz à saturação mental e, consequentemente, ao estresse patológico.

Todo mundo quer vencer, superar e vencer o outro o outro e não a si mesmo; quer ser o melhor, o mais bonito, ter o corpo mais malhado, ser o mais rico, o mais realizado, o mais feliz, entre outras buscas neuróticas. Isso estressa e adoece a pessoa!

O estresse dentro de um padrão de normalidade, conduz as criaturas à evolução, à superação de si mesmas, ao progresso. Estar em risco nos ensina a viver e sobreviver. Todo risco ou crise é oportunidade de evolução. As reações dos seres vivos e o desenvolvimento dos instintos são acelerados pelas situações de risco de sobrevivência que nada mais são que reações de estresse.

O estresse crônico, porém, difere do estresse natural, porque está assentado sobre o poder criativo da imaginação. Podemos dizer que realmente é um estresse patológico causado pela capacidade mal dirigida e acelerada de imaginar, inventar e de criar da mente humana.

Ter de ser o melhor, o vitorioso sempre, tem se tornado a base da tormenta de muita gente boa mundo afora. Cada vez mais estamos distanciados da vida simples e alegre, verdadeiramente feliz e espontânea.

Estamos perdendo a conexão com o mundo das essências, com a consciência, tornando-nos encarcerados pelo universo das aparências e criações mentais. E esse caminho nos tem conduzido a um estresse doentio e profundamente nocivo.

Uma amostra disso são as viagens que muitos indivíduos realizam mais preocupados em registrar em fotos e vídeos o passeio para postarem nas redes sociais, do que em sentir de fato a beleza do passeio. O foco está mais na elaboração mental sobre como serão vistos pelos amigos, e pelos inimigos, felizes, realizados, pessoas de sucesso, que em sentir a beleza da viagem, do que em relaxar e descansar.

— *Do ponto de vista orgânico, qual é o encadeamento que o estresse traz?*

— A partir da reação de alarme, a taxa de açúcar se eleva como emergência, causada pela descarga de adrenalina na corrente sanguínea. Depois do susto, a taxa de açúcar cai abaixo do normal produzindo hipoglicemia, voltando ao normal na fase de adaptação. Prosseguindo demoradamente esse processo, o pâncreas entra em desequilíbrio produzindo o diabetes, nem sempre reversível, gerando também zumbidos no ouvido, vertigens, mal-estar e sudorese em repouso.

O estressado crônico também afeta o corpo físico produzindo distúrbios do metabolismo como aumento de colesterol, alteração na produção dos hormônios como adrenalina, acetilcolina, vasopressina, cortisol, que são hormônios relacionados com o instinto de defesa e preservação da vida, e até concentração de gordura abaixo da linha da cintura.

— *E como reverter esse processo circuito negativo.*

— A cura desse processo patológico está na mudança da forma de compreender a vida. Abandonar o padrão materialista e, consequentemente, a neurose de competição é o primeiro passo na direção da cura e do bem-estar.

O ser humano precisa dilatar os próprios horizontes, perceber-se como espírito imortal, parar de sofrer por motivos fúteis, por apegos desnecessários, ilusões e egoísmos.

A vida moderna é caracterizada por competições infelizes que precisam ser radicalmente abandonadas. Precisamos urgentemente de abraçarmos a vida como colaboradores uns dos outros nos processos de crescimento e despertamento coletivo. Estamos chegando ao clímax do adoecimento mental e social porque estamos "ganhando o mundo e perdendo a alma"[84] como alertou o Mestre de Nazaré.

---

84 Marcos 8:36.

— Há algum exercício prático?

— Sim, há. Além de uma mudança conceitual e de padrão diante da própria existência, a prática de meditação pode ajudar profundamente nessa imprescindível virada de jogo, nesse grave momento da transição planetária. É preciso desacelerar e buscar o silêncio interior para nos reconectarmos com as fontes da vida dentro e fora de nós. Em nosso mundo íntimo e na natureza.

Ou iniciamos essa mudança agora ou pagaremos alto preço por isso. Na verdade, já estamos pagando pois 50 a 70% das pessoas que têm buscado os consultórios médicos e psicológicos, atualmente, apresentam como doença básica o estresse crônico ou patológico, uma consequência natural da mente acelerada.

—*Os guias espirituais da Terra disseram a Allan Kardec que muitas vezes "é necessário que o mal chegue ao excesso para que se verifique a necessidade do bem e das reformas".[85] Acredito que estamos chegando a esse limite do mal.*

— Verdade. É importante estudarmos melhor o funcionamento de nós mesmos, da mente humana, para superarmos esses tempos difíceis e complexos da atualidade.

---

85 *O Livro dos Espíritos, questão 784*, Allan Kardec.

2. CONHECENDO OS RITMOS CEREBRAIS

— *Nosso cérebro trabalha em ritmos diferentes?*

— Sim. E, aproveitando a oportunidade, gostaria de partilhar um conteúdo científico significativo sobre a mente e os ritmos cerebrais.

O homem da atualidade está dominado por um excesso de informações e estímulos audiovisuais que têm sobrecarregado e acelerado exageradamente o ritmo dos seus pensamentos.

Não somos a mente, somos a consciência. Mas enquanto estamos muito identificados com a mente, somos por ela dominados. O verdadeiro despertar interior ocorre quando nos desidentificarmos dos pensamentos e emoções, passando a gerenciá-los com eficiência.

Existem quatro ritmos cerebrais distintos, Alfa, Beta, Teta e Delta. Eles são facilmente diagnosticados pelo Eletroencefalograma (EEG), um exame neurofisiológico para avaliar a função do cérebro através da análise da atividade elétrica cerebral espontânea.

O ritmo Beta é quando a mente apresenta de 12 a 40 ciclos de pensamento por segundo. Uma aceleração muito acentuada. Nesse nível, o indivíduo é dominado pela ansiedade, pelo estresse, pela insatisfação profunda, podendo chegar a um estado emocional depressivo. Na atualidade, a maioria da população mundial vive em ritmo Beta.

Alfa é caracterizado por uma emissão que vai de 7 a 12 ciclos de pensamento por segundo. Esse nível pode ser alcançado através da meditação. Em Alfa, sentimos elevado nível de bem-estar, serenidade, tranquilidade e paz interior. O corpo também é beneficiado, pois há uma diminuição da pressão arterial, do ritmo respiratório e de outras funções fisiológicas.

Por meio da meditação é possível entrar em outro nível de ritmo cerebral, o nível Teta, que apresenta entre 4 a 7 ciclos de pensamento por segundo. É um estado de profunda comunhão com a vida. De plenitude indescritível!

Nos níveis Alfa e Teta, também entramos em sintonia com o plano espiritual superior, recebendo a assistência e a inspiração dos bons espíritos que vivem nessas frequências mentais e vibracionais.

No nível Delta o cérebro funciona abaixo de 4 ciclos de pensamento por segundo. É quando estamos em sono profundo.

— *Em qual nível nos encontramos insatisfeitos?*

— No nível Beta temos o ritmo da insatisfação. Toda mente acelerada é também insatisfeita. Há uma diferença entre insatisfação e tristeza. A tristeza é um fenômeno psicológico perfeitamente natural. Toda decepção, toda perda traz uma dor emocional, uma tristeza. Já a insatisfação é proveniente de uma falta de comunhão com a vida. De conexão com a essência das coisas. Muitas pessoas vivem, mas não sentem a vida. Simplesmente existem.

Para sentir a beleza da vida é preciso estar em sintonia com ela. É preciso estar focado no momento presente. Em estado Alfa ou Teta. Quando estamos mentalmente fixados no passado ou no futuro, não sentimos a vida, o excesso de pensamentos eleva o ritmo de nossa mente, e entramos, portanto, no nível Beta, caracterizado pela insatisfação e pela ansiedade.

— *Por que muitas vezes nos sentimos tão perdidos na vida?*

— Perdemo-nos no passado ou no futuro porque ainda não temos uma consciência clara do que é a própria vida. Por falta de uma consciência mais profunda a respeito do significado da existência. O ser humano se apega em demasia a elementos do passado, que geram angústia, ou a questões do futuro, que geram ansiedade. O passado pode ser "visitado" para nos lembramos das coisas, mas temos que viver no presente.

A vida não está no passado nem no futuro, está plenamente no presente. Somos espíritos imortais, e deveríamos compreender que o que nos interessa é a construção do bem em nós e em derredor dos nossos passos no agora. Nada mais. Nos prendemos a tantas polêmicas, a muitas coisas que não têm o menor significado e perdemos o melhor da vida, que é o agora. Não focamos no que estamos realizando no momento presente.

Muitas vezes, nos aprisionamos no passado por conta de nossos equívocos morais. Toda vez que agimos contra os princípios do bem e da justiça, a consciência registra e a mente fica internamente dividida. Psiquicamente, passamos a apresentar uma fragmentação mental por carregarmos um lixo emocional que, com o tempo, desce para o nosso inconsciente onde se instalam os problemas não resolvidos, mas que prosseguem nos fazendo mal, influenciando nosso pensar, nosso sentir, nosso viver.

Qualquer ação contrária ao bem se torna uma força de divisão interna, a mente se fraciona, impedindo ao ser experimentar o sentimento de unidade ou totalidade psíquica que C.G. Jung[86] também chamou de individuação.

— *Podemos enganar uns aos outros, mas não podemos driblar nossa própria consciência!*

— Somente com a reciclagem do lixo emocional do passado, através de novas atitudes no Bem, harmonizamo-nos interiormente.

Como escreveu o apóstolo Pedro: "o amor cobrirá multidões de pecado"[87].

— *Importante considerar que há elementos inconscientes que nos afetam o emocional e que não têm origem em erros ou equívocos pessoais, mas na ação de terceiros ou em fatos casuais.*

— Ficamos presos no passado quando sofremos decepções e frustrações. Quando somos feridos Isso acontece quando não somos capazes de perdoar. De higienizar o mundo íntimo das mágoas e rancores. Carregar mágoa no coração é uma forma de adoecer de dentro para fora. É perder a conexão com a vida, com a consciência, com a realidade profunda que somos. O perdão, portanto, não é uma proposta apenas teológica, mas, sobretudo, psicoterapêutica.

---

[86] Carl Gustav Jung foi um psiquiatra e psicoterapeuta suíço que fundou a psicologia analítica.

[87] 1 Pedro 4:8.

Nesse caso, basta a identificação e a lembrança do trauma vivenciado, por meio de um processo de conscientização do inconsciente; e sua reinterpretação à luz do bom senso para se alcançar uma harmonia psíquica.

3. OS BENEFÍCIOS DA MEDITAÇÃO

— *A meditação conduz o indivíduo a uma comunhão psíquica com a vida profunda, presente por detrás do jogo das formas, desacelerando o ritmo cerebral. Com frequência tenho percebido isso objetivamente através da prática. Poderia nos falar mais sobre os benefícios gerais da meditação, no campo físico, emocional, cognitivo e espiritual?*

— Perfeitamente. Listarei alguns benefícios colhidos da opinião de estudiosos do assunto e resultados de algumas pesquisas:

- O efeito da meditação na qualidade do sono foi avaliado. A análise de dados demonstrou que a meditação resultou em menos insônia, fadiga e depressão para aqueles que a praticam.

- 80% das doenças orgânicas são de origem psicossomática; e o hábito da meditação relaxa e rompe a espiral que ele chama de ameaça-excitação – ameaça da vida acelerada e agitada de nossos dias –, melhora a relação mente-corpo e favorece o nascimento de um novo sistema de comandos mentais que atuam também sobre o sistema nervoso central.

- Demonstrou-se que o relaxamento provocado pela meditação aumenta o fluxo de sangue para o coração, diminuindo o risco de isquemia assintomática.

- Constatou-se que os praticantes de meditação apresentam menores níveis de ansiedade do que aqueles que não meditam.

- Observou-se que a prática regular de meditação e relaxamento aumenta o poder do sistema imunológico.

- Constatou o decréscimo na pressão sanguínea dos hipertensos.

- O papel da meditação é ajudar o praticante a lidar com o estresse sem fugir da dor e do sofrimento de algumas situações.

- O estresse é a resposta às exigências colocadas sobre o corpo e a mente. Quanto mais angustiado pela dor ou pela ansiedade, pior a pessoa se sentirá e terá consequências fisiológicas. Pode-se aprender a se sentir confortável dentro da dor ou da ansiedade, a experiência será completamente mudada. Isso não significa que se está tentando fazer a dor ir embora."

- Afirma-se que todo ser humano deve ter o seu "um momento de paz só para si". Que é imprescindível uns minutos de recolhimento interior para nos afastarmos um pouco do tumulto do cotidiano e colocarmos a nossa casa mental em ordem. É um alívio para alma e um descanso para a mente. A continuidade da prática coloca o indivíduo em contato com seu Eu profundo. O inconsciente incorpora outros elementos de saúde mental e isso o torna cada vez mais calmo e puro.

- No estudo denominado *Meditação Mindfulness*[88] *melhora a cognição: evidência de treinamento mental breve*, pesquisadores afirmam que quatro dias de meditação já causam efeito positivo na cognição e no humor. Um grupo de 24 estudantes participou de quatro sessões de meditação e o grupo controle de 25 estudantes ouviu um áudio livro. Os participantes que não tiveram experiência de meditação anterior foram avaliados nos quesitos humor, fluência verbal, codificação visual e memória de trabalho. As duas intervenções foram eficazes em melhorar o humor, mas apenas o breve treinamento de meditação reduziu fadiga, ansiedade e qualificou o nível de atenção. Os pesquisadores asseveram, no entanto, que não sugerem que a meditação breve é muito mais eficaz do que a prática mais ostensiva, apenas que seus achados mostram que há benefícios da meditação em curto prazo.

- Existem diversos tipos de meditação. Um deles é a Meditação de Compaixão, praticada no Budismo. Essa prática desenvolve sentimentos de bondade, empatia e compaixão. Para descobrir se de fato esse tipo de meditação promove emoções positivas, pesquisadores avaliaram 139 adultos em um workshop de 7 semanas. No grupo de lista de espera, 72 participantes e 67 com a prática de meditação. Os resultados confirmaram que a prática de meditação

---

88 *Mindfulness, ou atenção plena, é um tema popular nos dias de hoje, assim como a meditação. Você pode chamá-la de consciência, atenção, foco, presença ou vigilância.*

ao longo do tempo ampliou emoções positivas, produzindo uma variedade de benefícios pessoais como atenção plena, propósito na vida, apoio social, aumento da satisfação e redução dos sintomas de depressão.

Além dos inúmeros benefícios aqui apresentados, percebemos, à luz do conhecimento espírita, que a meditação conduz a uma expansão da consciência profunda por relaxar o corpo físico. A meditação afrouxa os liames do períspirito, pacifica a cantilena dos pensamentos e acalma a inquietude das emoções; também possibilita uma sintonia com os espíritos nobres que vibram e vivem nesse nível consciencial de amor, compaixão e lucidez.

Um dos pontos mais belos e significativos da meditação é o despertar de um sentimento de compaixão. Ao silenciar a mente e acessar níveis mais profundos da consciência, a compaixão brota da intimidade do ser, inundando e transbordando do seu sentir. É a criatura se conectando ao Criador presente no âmago do seu coração!

4. ESPIRITISMO, JESUS E A MEDITAÇÃO

— *Vivemos tempos de grande insatisfação existencial e, como temos visto, isso se deve muito ao nível de aceleração mental dos indivíduos. Mesmo no Ocidente, a meditação tem se tornado cada vez mais uma das ferramentas principais para reconectar a criatura humana ao seu Eu Profundo.*

Há ainda no meio espírita certa resistência à meditação?

— Há sim. Infelizmente!

Quando falamos de meditação, muitas pessoas logo pensam na yoga e seus praticantes, nos gurus indianos meditando em postura de lótus, nos monges tibetanos em meditação por longo período, nos seguidores do budismo, nos rituais que também envolvem a prática meditativa. Essas imagens geram resistência por parte de alguns espiritistas.

— *Muitos espíritas talvez associem a meditação a rituais religiosos, outros dirão que a Codificação Kardequiana não aconselha a meditação, por conta de uma interpretação equivocada da questão 657 de O Livro dos Espíritos, quando os espíritos superiores afirmam: "Quem passa todo o tempo na meditação e na contemplação nada faz de meritório aos olhos de Deus, porque vive uma vida toda pessoal e inútil à humanidade e Deus lhe pedirá contas do bem que não houver feito.".*

— As pessoas não percebem que muita coisa não pôde ser falada e ensinada na época de Kardec. O Espiritismo precisava chegar atendendo ao contexto cultural do mundo ocidental para ajudar a sociedade humana dominada pelo materialismo.

É óbvio que não atingiremos a plenitude apenas através da meditação e da contemplação. Não é essa a nossa proposta. A meditação deve ser apenas um meio, não um fim. Uma ferramenta abençoada para a harmonização do campo mental, através da pacificação dos pensamentos acelerados, retirando o indivíduo do ritmo no nível Beta, da insatisfação e da ansiedade para que ele possa viver com mais consciência, lucidez e paz.

A meditação é o um caminho para a paz interior a fim de que o indivíduo construa uma relação também de paz com seu universo exterior, nas relações.

— *Alguns espíritos conhecidos do público espírita fazem alguma consideração positiva sobre a prática da meditação?*

— Sim. André Luiz assevera que:

"*A prece, a meditação elevada, o pensamento edificante refundem a atmosfera, purificando-a*".[89]

Joanna de Ângelis esclarece sobre a importância do exercício meditativo para o ser humano:

"*A meditação ajuda-o a crescer de dentro para fora, realizando-se em amplitude e abrindo-lhe a percepção para os estados alterados de consciência*".[90]

---

89 *Missionários da luz*, capítulo 5, André Luiz, Chico Xavier.
90 *O ser consciente*, Joana de Ângelis, Divaldo Franco.

Em sua outra obra, *Vida: desafios e soluções,* a autora espiritual prossegue:

> "*Em um nível mais profundo, a meditação é o instrumento precioso para a autoidentificação; por facultar-lhe alcançar as estruturas mais estratificadas da personalidade, revolve os registros arcaicos que se lhe transformaram em alicerces geradores da conduta presente. [...]*
>
> *O mergulho consciente nas estruturas do eu total, faculta a liberação das imagens conflitantes do passado espiritual e do presente próximo, ensejando a harmonia de que necessita para a preservação da saúde então enriquecida de realizações superiores*".[91]

— *Como espíritas, ainda trazemos algumas posturas fechadas, herdadas dos preceitos de outras religiões, não é isso? Parece que alguns espíritas acreditam que a obra organizada por Kardec contém toda a revelação espiritual!*

— Apenas trocaram a Bíblia pela Codificação! Quem acredita nisso não entendeu Kardec, muito menos o Espiritismo. É claro que é preciso cuidado sim, bom senso sim, para não sairmos em busca de novidades vazias O centro da proposta espírita é a renovação moral da criatura humana, não podemos substituir isso por técnicas ou metodologias sem significado. Repito, porém, que a meditação não é um fim,

---

91 *Vida: desafios e soluções*, Joana de Angelis, Divaldo Franco.

mas um meio, uma metodologia perfeita para se acessar a riqueza e a quietude do universo interior.

A resistência de alguns espíritas à meditação é apenas falta de conhecimento e reflexão.

— *Falta de conhecimento espírita?*

— Sim. Todos nós sabemos que o Espiritismo veio para restaurar e amplificar a mensagem de Jesus, não é isso? Será que nos damos conta de que o Mestre meditou por longos dias no silêncio do deserto, preparando-se para cumprir a mais extraordinária missão que um homem já realizou na Terra? Muitas vezes o Nazareno se afastava do burburinho das cidades, do vozerio do povo e subia um monte, buscando o silêncio para orar e meditar.

Jesus de Nazaré e o ser mais perfeito que Deus ofereceu à humanidade como Modelo e Guia, há dois mil anos – quando não tínhamos uma sociedade tão barulhenta, agitada e competitiva como temos hoje. Ele dedicava-se à meditação e ao silêncio para estar em sintonia perfeita com o Pai. Mas os indivíduos da atualidade, mergulhados no rio psíquico perturbador da vida moderna, vão viver bem, equilibrados e mentalmente saudáveis, sem meditar? Impossível!

5. SÓCRATES E BUDA – DOIS MEDITADORES

— *Além de Jesus, Mestre por Excelência, outros grandes espíritos que realizaram missões importantes na Terra seguiam a prática sistemática da meditação. Muitos cientistas, filósofos e místicos alcançaram inspiração para suas criações e respostas superiores para seus questionamentos, após momentos de profunda meditação e comunhão com o divino. Poderia mencionar alguns desses seres que se utilizaram da prática meditativa no caminho ascensional?*

— Gostaria de destacar dois grandes iluminados:

Sócrates (469 a.C. – 399 a.C.) – O grande filósofo grego constantemente se ausentava do meio do povo, das reuniões movimentadas, para entrar em comunhão consigo mesmo e com seu guia espiritual, através da meditação. Chegava a ficar por horas numa postura extática até equacionar suas dúvidas e enigmas.

Segundo o professor Herculano Pires, no seu livro *Os filósofos*, Sócrates penetrou no íntimo do seu ser para encontrar a essência do homem e no mais profundo dessa essência reencontrar a divindade.

Buda (século VI a.C.) – O príncipe Gautama, após dias de meditação debaixo de uma árvore chamada Bô, se apoderou da própria mente, expandiu a consciência, iluminou-se, e iniciou seu ministério, percorrendo diversas regiões difundindo as diretrizes básicas de sua doutrina, fundamentada no domínio sobre o desejo que, segundo ele, era fonte de todos os sofrimentos humanos.

A meditação tem o poder de nos colocar em sintonia com o momento presente, onde o divino se encontra plenamente. Todos os grandes seres que passaram pela Terra viveram em profunda comunhão com o agora.

A meditação é uma ferramenta que nos desliga do passado e do futuro, duas paisagens mentais, e nos reconduz à única coisa que realmente existe, o presente.

6. COMO MEDITAR

— *Muitos indivíduos, pacientes meus e conhecidos, a quem apresento a proposta da meditação como ferramenta terapêutica de harmonização profunda, dizem-me que não conseguem meditar, que não dão conta de ficar em silêncio por alguns minutos, sem se movimentarem.* Não conseguem parar a mente, os pensamentos que vão e vem.

Poderíamos apresentar orientações específicas para ajudar esses companheiros?

— Primeiramente é preciso dizer que existem dezenas de técnicas de meditação que podem servir. As técnicas variam conforme a doutrina ou a filosofia dos que as elaboraram. Muitas vezes, a meditação está vinculada a propostas religiosas. Algumas escolas de meditação propõem a utilização de sons, ou mantras, que acionam determinadas áreas psíquicas, pois cada som possui uma vibração específica; outras trabalham a meditação com movimentos. Há também aqueles que apresentam a proposta de uma meditação analítica onde, durante o exercício, devem analisar determinada questão pessoal; já outra prática conduz o indivíduo a apenas observar a mente.

Deixaremos aqui nossa proposta de meditação, bem simples e objetiva para todos aqueles que desejam iniciar esse caminho de paz e autoconhecimento, lembrando que meditação é uma prática, não basta saber como meditar, saber da sua importância, conhecer técnicas, somente se obtém resultados praticando.

Denominamos nossa proposta de Meditação Simples:

- O local: Escolha um local tranquilo e silencioso para praticar a meditação pelo menos uma vez por dia.
- Horário: Não precisa ter um horário fixo para sua prática. Mas é importante meditar todo dia para não permitir que a mente eleve novamente o nível de sua aceleração.
- Duração: Medite por no mínimo 15 minutos. O ideal é meditar duas vezes ao dia, pela manhã e à noite.
- Postura corporal: Realize sua meditação sentado num sofá ou cadeira, com a coluna bem reta, ou deitado numa cama ou tapete.
- Sugerimos que se faça uma prece, antes de meditar, pedindo a Deus que a prática seja amparada pela espiritualidade amiga.
- Feche os olhos e siga as seguintes orientações durante os quinze minutos de meditação:
  - Observe calmamente sua respiração. Quando sentir necessidade, respire fundo uma ou duas vezes e depois volte a respirar normalmente.
  - Procure sentir todo o corpo, especialmente as mãos. Se algum ponto do corpo ficar desconfortável ou coçar, movimente-se, coce e volte a ficar sem se movimentar.

- Observe e sinta mais demoradamente a energia das mãos, sem movimentá-las. Apenas sinta-as.

- Observe os fluxo dos pensamentos, sem desejar parar a mente. Muitas pessoas que dizem não conseguir meditar acreditam que meditar é ficar sem pensar, impedir os pensamentos de surgirem Não é isso. Em nossa proposta, meditar é apenas ficar observando os pensamentos que brotarem no campo mental.

- Quando um pensamento arrastar o foco da atenção para algum elemento do passado ou do futuro, retirando-o da respiração e do corpo, basta respirar profundamente, cortar o fluxo do pensamento, voltando a focar no corpo e na respiração. Quando inspiramos profundamente, a mente naturalmente para e o fluxo de pensamentos é interrompido sem esforço.

- Outros pensamentos surgirão depois, o que é perfeitamente natural. Basta observá-los...

- Após doze minutos de prática, você verá que o fluxo de pensamentos diminui substancialmente, permitindo ao indivíduo entrar no ritmo Alfa e sentir um bem-estar singular que se ampliará com a prática sistemática. Quando isso não acontecer nas primeiras práticas, continue praticando até obter esse resultado.

A mente é um rio que passa. Meditar é apenas sentar-se na margem do rio e observar o fluxo das suas águas, os pensamentos. Sem meditar, o indivíduo ase afoga nas águas turvas do rio da mente. Meditar é tornar-se o observador ou a testemunha desse rio caudaloso.

O escritor espírita Jason de Camargo, em seu excelente livro *Educação dos sentimentos*, afirma que:

> *"A continuidade da meditação conduzirá a pessoa para descoberta de outros níveis mentais mais saudáveis para ela. Descobrirá energias da solidariedade, da paz, da confiança, da coragem e de tantas outras que a levará a extirpar o medo, as ansiedades vazias, as preocupações diárias, a ira, a mágoa e todos esses lixos da mente."*[92]

Ao final de cada prática, o indivíduo perceberá que o rio se tornará um filete de água cristalina, com um ou outro pensamento, perfeitamente observável. É o que chamamos de desidentificação, que é a consciência observando a mente. É o início da libertação, quando a consciência sai do controle da mente.

---

92 Educação dos sentimentos, Jason de Camargo.

7. VENCENDO O MEDO COM A MEDITAÇÃO

— *A meditação tem um poder incomum sobre todas as emoções humanas. Sua prática pacifica os pensamentos harmoniza, consequentemente, a dimensão emocional do ser. Todo pensamento negativo gera uma reação neuroquímica do mesmo teor, ou seja, uma emoção negativa que, por sua vez, gerará um novo pensamento e assim sucessivamente.*

Pode nos falar mais um pouco a respeito das emoções e mais especialmente da ação da meditação sobre o medo, a mais primária das emoções?

— Podemos considerar o medo como a emoção mais limitante e desarmônica da criatura humana. Trata-se de uma emoção básica em todo indivíduo.

No início da evolução antropológica, nos primórdios da inteligência, o medo surge como um mecanismo de preservação da criatura, na sua relação com os animais selvagens e as forças indomáveis da natureza. Quando o espírito, porém, alcança finalmente o estágio hominal, o medo se vincula à imaginação, dando origem a uma verdadeira tragédia no universo psicológico do ser pensante. Oitenta a noventa por cento dos medos humanos têm origem na imaginação descontrolada, não na realidade objetiva.

— *O problema está na imaginação?*

— Não. Está no indivíduo que não tem controle sobre ela. A imaginação sem a regência da consciência dá um valor às questões naturais da vida muito maior do que elas realmente merecem. Isso é fonte de muito sofrimento.

Essa imaginação medrosa se consolida no campo psíquico quando a consciência está identificada com a mente, quando achamos que somos nossos pensamentos e emoções.

— *Podemos dizer que a emoção é a consequência de um pensamento no corpo físico?*

— Isso mesmo!

— *Então o medo alimentado por tempo prolongado pode gerar doenças no corpo físico?*

— Com certeza. O medo representa estresse para o corpo, e o estresse pode debilitar o sistema imunológico. Sentir medo de uma doença, por exemplo, pode gerar outro tipo de doença pela somatização emocional do estresse. É o que se denomina de efeito nocebo, o oposto do efeito placebo.

Esclarece o neurologista, jornalista científico e escritor, Magnus Heier que a expectativa determina o desenvolvimento de doenças. Um efeito nocebo ocorre, sobretudo, quando se tem medo de uma doença ou do tratamento a ser enfrentado. Os efeitos colaterais ficam, então mais fortes. [...] Pacientes com câncer começam a se sentir mal quando entram na sala de quimioterapia porque, inconscientemente, espera sentir náusea após a sessão

— *Percebo que o excesso de informações disponível na internet sobre saúde e doença, também tem deixado muita gente ainda mais preocupada e, muitas vezes, desesperada quando apresenta algum sintoma.*

— Em suas pesquisas, as pessoas, nem sempre conseguem analisar com tranquilidade que um mesmo sintoma tanto pode indicar uma simples reação de defesa do organismo ou um processo complexo de leucemia. Uma mente em desalinho naturalmente focará somente na possibilidade mais grave.

Há indivíduos que realizam os mesmos exames laboratoriais sucessivamente, semana após semana, acreditando mais nas próprias ideias fixas e obsessivas de doença do que nos exames realizados. É o completo controle da mente sobre a consciência.

— *Viver além dos pensamentos é a grande libertação da criatura humana?*

— Sim, a libertação real.

— *Parece que o medo está na base de muitas outras emoções e de vários comportamentos como agitação, ansiedade, preocupação, nervosismo, tensão, fobias, pavor, pânico.*

O que fazer diante de uma emoção tão terrível, origem de tanta perturbação?

— Há alguns caminhos para a vitória sobre o medo.

Um primeiro caminho é o desenvolvimento de nossa fé em Deus. No plano material terrestre não é possível viver em paz sem confiar na Força Suprema do universo. Tudo na Terra é muito frágil, basta observarmos o corpo humano, que pode ser destruído por um vírus microscópico. Ou a criatura humana se abre para o transcendente, ou caminhará insegura, dominada, principalmente, por terríveis monstros da imaginação pessimista.

Outro caminho é a prática da meditação para a pacificação dos pensamentos e emoções em desalinho, produzindo a necessária desidentificação da consciência em relação à mente. É preciso olhar cada pensamento e emoção de fora, e a ferramenta principal nesse processo é a meditação.

A meditação tem o poder de nos conduzir à simplicidade do agora e, no agora, tudo é mais fácil de se resolver. Nossos problemas maiores, curiosamente, estão vinculados ao passado e ao futuro que não mais existem A maioria dos medos humanos não são reais. Vivemos desgraçados, temerosos, antes de a desgraça chegar.

Toda vez que formos invadidos por alguma sensação de medo, perguntemo-nos: Isso é real ou apenas uma elaboração mental? Está na hora de assumirmos as rédeas dos pensamentos e das emoções. Vivamos cada coisa a seu tempo.

Muitas vezes, a mente, traumatizada por algum evento do passado, passa a agredir o indivíduo continuamente com ideias fixas pessimistas. Alguém que sofreu um assalto dentro de uma agência bancária acha que toda vez que for ao banco será assaltado; aquele que foi traído carrega consigo o medo de outra traição; outro que ficou preso no elevador acredita que sofrerá de novo a mesma aflição; outro ainda não consegue mais andar de ônibus por ter sofrido um acidente durante uma viagem, e assim por diante.

— *E o que podemos fazer em casos assim?*

— A nossa proposta psicoterapêutica, para uma dessensibilização mental, é a seguinte:

- Reflita todos os dias sobre a bondade divina. Mais que refletir, procure sentir a presença de Deus em todos os elementos que enriquecem de beleza a vida na Terra: as flores, os pássaros, os rios, os mares, o céu estrelado, a chuva generosa, as crianças brincando, a sabedoria dos mais velhos, o amor dos casais. Encha-se de beleza, inunde a própria alma com a riqueza da vida e medite: "Deus é bom!" Isso despertará a sua fé no Amor Supremo do universo.

- Observe os pensamentos negativos de fora. Relaxe o máximo possível, focando a atenção na respiração e no corpo. Relaxe por alguns minutos. Torne-se apenas um observador dos pensamentos que geram a emoção do medo. Através da observação neutra dos pensamentos, a mente perde força sobre o ser, a consciência passa a ter um domínio cada vez mais ostensivo sobre o turbilhão das emoções.

- Pratique a meditação. A prática contínua da meditação, no mínimo 15 minutos diários, tem o poder de dar ao indivíduo um domínio cada vez maior sobre pensamentos e emoções.

- Sempre que possível, realize o enfrentamento do medo. Esse enfrentamento deve ser realizado procurando forçar a si mesmo a repetir, mesmo que seja no campo da imaginação, as ações que, no passado, deram origem ao trauma: ir ao banco, andar de ônibus, entrar no elevador, etc.

— *Há experiências passadas que não permitem tal prática, como o caso de uma traição, por exemplo.*

— Mas, ao logo do tempo, vivenciando o novo relacionamento com estabilidade emocional e segurança é que a mente será dessensibilizada, ou seja, perceberá que nova traição não ocorrerá facilmente.

Percebamos quantos males emocionais, mentais, podem ser eliminados da nossa vida, acendendo a luz da consciência. Percebendo que não somos a mente, apenas temos uma mente. Não somos as emoções, temos emoções.

Quantos pais sofrem durante uma gravidez, com medo de seus filhos nascerem com alguma anomalia física e/ou mental? Nesse caso devemos acionar a fé, a confiança nos desígnios divinos, pois, como sabemos: "Nem uma folha cai sem a permissão do Pai".

E àqueles que receberam de Deus filhos portadores de necessidades especiais, gostaria de dizer, com profunda sinceridade, que somente recebem filhos especiais, pais muito especiais.

A fé real, que emana da consciência desperta, é o grande antídoto do medo.

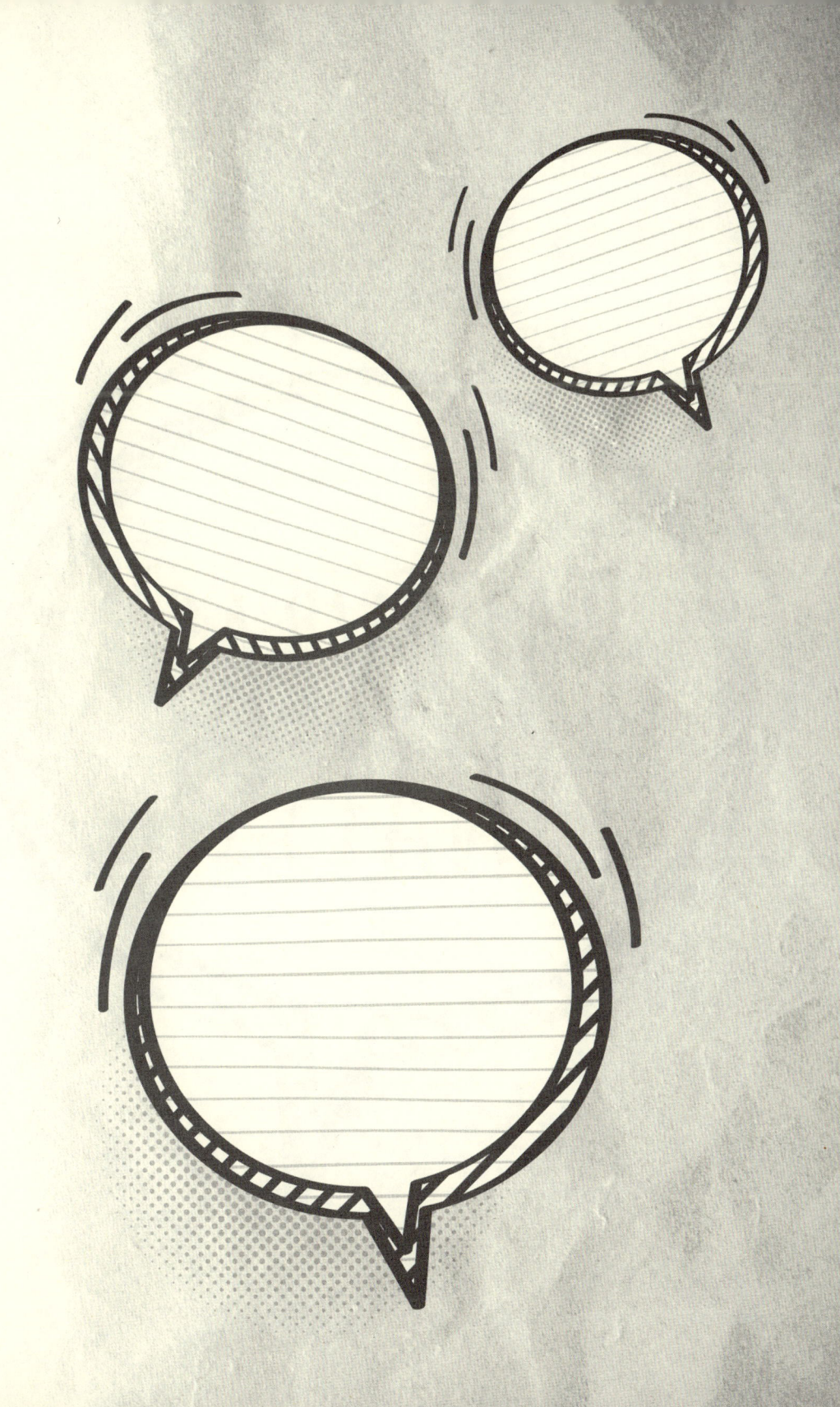

Palavras finais?

— Deseja despedir-se dos nossos leitores? Deixar suas palavras finais?

Já estou com saudade de escrever com você. Que experiência fantástica! Cada dia sinto que consigo ouvir melhor seus conselhos, suas palavras, sua voz.

— Que bom! Mas não tenho palavras finais. Para a consciência não há despedidas, nem fins. Toda despedida é triste, e no reino da consciência não há tristeza porque não há distância. SOMOS TODOS UM.

— Espero em breve estar de volta com um novo livro. Você vai me ajudar? Algumas ideias já estão me visitando... Não sei se são minhas ou suas, ou de alguém mais aqui conosco no invisível!

— Importa a mensagem, não o mensageiro!

— Então, caríssimo leitor ou leitora, até a próxima!

— Até daqui a pouco. Deus nos abençoe!

— Assim seja!

— Assim seja!

NOSSAS PUBLICAÇÕES

WWW.EDITORADUFAUX.COM.BR

SÉRIE REFLEXÕES DIÁRIAS

PARA SENTIR DEUS

Nos momentos atuais da humanidade sentimos extrema necessidade da presença de Deus. Ermance Dufaux resgata, para cada um, múltiplas formas de contato com Ele, de como senti-Lo em nossas vidas, nas circunstâncias que nos cercam e nos semelhantes que dividem conosco a jornada reencarnatória. Ver, ouvir e sentir Deus em tudo e em todos.

Wanderley Oliveira | Ermance Dufaux
11 x 15,5 cm
133 páginas

Somente ebook

LIÇÕES PARA O AUTOAMOR

Mensagens de estímulo na conquista do perdão, da aceitação e do amor a si mesmo. Um convite à maravilhosa jornada do autoconhecimento que nos conduzirá a tomar posse de nossa herança divina.

Wanderley Oliveira | Ermance Dufaux
11 x 15,5 cm
128 páginas

Somente ebook

RECEITAS PARA A ALMA

Mensagens de conforto e esperança, com pequenos lembretes sobre a aplicação do Evangelho para o dia a dia. Um conjunto de propostas que se constituem em verdadeiros remédios para nossas almas.

Wanderley Oliveira | Ermance Dufaux
11 x 15,5 cm
146 páginas

Somente ebook

SÉRIE CULTO NO LAR

VIBRAÇÕES DE PAZ EM FAMÍLIA

Quando a família se reune para orar, ou mesmo um de seus componetes, o ambiente do lar melhora muito. As preces são emissões poderosas de energia que promovem a iluminação interior. A oração em família traz paz e fortalece, protege e ampara a cada um que se prepara para a jornada terrena rumo à superação de todos os desafios.

Wanderley Oliveira | Ermance Dufaux
16 x 23 cm
212 páginas

ebook

JESUS - A INSPIRAÇÃO DAS RELAÇÕES LUMINOSAS

Após o sucesso de "Emoções que curam", o espírito Ermance Dufaux retorna com um novo livro baseado nos ensinamentos do Cristo, destacando que o autoamor é a garantia mais sólida para a construção de relacionamentos luminosos.

Wanderley Oliveira | Ermance Dufaux
16 x 23 cm
304 páginas

ebook

REGENERAÇÃO - EM HARMONIA COM O PAI

Nos dias em que a Terra passa por transformações fundamentais, ampliando suas condições na direção de se tornar um mundo regenerado, é necessário desenvolvermos uma harmonia inabalável para aproveitar as lições que esses dias nos proporcionam por meio das nossas decisões e das nossas escolhas, [...].

Samuel Gomes | Diversos Espíritos
14 x 21 cm
223 páginas

ebook

AMOROSIDADE - A CURA DA FERIDA DO ABANDONO

Uma das mais conhecidas prisões emocionais na atualidade é a dor do abandono, a sensação de desamparo. Essa lesão na alma responde por larga soma de aflições em todos os continentes do mundo. Não há quem não esteja carente de ser protegido e acolhido, amado e incentivado nas lutas de cada dia.

Wanderley Oliveira | Ermance Dufaux
16 x 23 cm
300 páginas

ebook

TRILOGIA DESAFIOS DA CONVIVÊNCIA

QUEM SABE PODE MUITO. QUEM AMA PODE MAIS

A lição central desta obra é mostrar que o conhecimento nem sempre é suficiente para garantir a presença do amor nas relações. "Estar informado é a primeira etapa. Ser transformado é a etapa da maioridade." - Eurípedes Barsanulfo.

Wanderley Oliveira | José Mário
16 x 23 cm
312 páginas

ebook

QUEM PERDOA LIBERTA - ROMPER OS FIOS DA MÁGOA ATRAVÉS DA MISERICÓRDIA

Continuação do livro "QUEM SABE PODE MUITO. QUEM AMA PODE MAIS" dando sequência à trilogia "Desafios da Convivência".

Wanderley Oliveira | José Mário
16 x 23 cm
320 páginas

ebook

SERVIDORES DA LUZ NA TRANSIÇÃO PLANETÁRIA

Nesta obra recebemos o convite para nos integrar nas fileiras dos Servidores da Luz, atuando de forma consciente diante dos desafios da transição planetária. Brilhante fechamento da trilogia.

Wanderley Oliveira | José Mário
14x21 cm
298 páginas

ebook

SÉRIE HARMONIA INTERIOR

LAÇOS DE AFETO - CAMINHOS DO AMOR NA CONVIVÊNCIA

Uma abordagem sobre a importância do afeto em nossos relacionamentos para o crescimento espiritual. São textos baseados no dia a dia de nossas experiências. Um estímulo ao aprendizado mais proveitoso e harmonioso na convivência humana.

Wanderley Oliveira | Ermance Dufaux
16 x 23 cm
312 páginas

ebook **ESPANHOL**

MEREÇA SER FELIZ - SUPERANDO AS ILUSÕES DO ORGULHO

Um estudo psicológico sobre o orgulho e sua influência em nossa caminhada espiritual. Ermance Dufaux considera essa doença moral como um dos mais fortes obstáculos à nossa felicidade, porque nos leva à ilusão.

Wanderley Oliveira | Ermance Dufaux
16 x 23 cm
296 páginas

ebook **ESPANHOL**

REFORMA ÍNTIMA SEM MARTÍRIO - AUTOTRANSFORMAÇÃO COM LEVEZA E ESPERANÇA

As ações em favor do aperfeiçoamento espiritual dependem de uma relação pacífica com nossas imperfeições. Como gerenciar a vida íntima sem adicionar o sofrimento e sem entrar em conflito consigo mesmo?

Wanderley Oliveira | Ermance Dufaux
16 x 23 cm
288 páginas

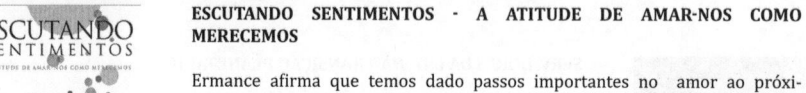

ebook | ESPANHOL | INGLÊS

ESCUTANDO SENTIMENTOS - A ATITUDE DE AMAR-NOS COMO MERECEMOS

Ermance afirma que temos dado passos importantes no amor ao próximo, mas nem sempre sabemos como cuidar de nós, tratando-nos com culpas, medos e outros sentimentos que não colaboram para nossa felicidade.

Wanderley Oliveira | Ermance Dufaux
16 x 23 cm
256 páginas

ebook | ESPANHOL

PRAZER DE VIVER - CONQUISTA DE QUEM CULTIVA A FÉ E A ESPERANÇA

Neste livro, Ermance Dufaux, com seus ensinos, nos auxilia a pensar caminhos para alcançar nossas metas existenciais, a fim de que as nossas reencarnações sejam melhor vividas e aproveitadas.

Wanderley Oliveira | Ermance Dufaux
16 x 23 cm
248 páginas

ebook

DIFERENÇAS NÃO SÃO DEFEITOS - A RIQUEZA DA DIVERSIDADE NAS RELAÇÕES HUMANAS

Ninguém será exatamente como gostaríamos que fosse. Quando aprendemos a conviver bem com os diferentes e suas diferenças, a vida fica bem mais leve. Aprenda esse grande SEGREDO e conquiste sua liberdade pessoal.

Wanderley Oliveira | Ermance Dufaux
16 x 22,5 cm
248 páginas

ebook

EMOÇÕES QUE CURAM - CULPA, RAIVA E MEDO COMO FORÇAS DE LIBERTAÇÃO

Um convite para aceitarmos as emoções como forma terapêutica de viver, sintonizando o pensamento com a realidade e com o desenvolvimento da autoaceitação.

Wanderley Oliveira | Ermance Dufaux
16 x 23 cm
272 páginas

ebook

SÉRIE AUTOCONHECIMENTO

QUAL A MEDIDA DO SEU AMOR?

Propõe revermos nossa forma de amar, pois estamos mais próximos de uma visão particularista do que de uma vivência autêntica desse sentimento. Superar limites, cultivar relações saudáveis e vencer barreiras emocionais são alguns dos exercícios na construção desse novo olhar.

Wanderley Oliveira | Ermance Dufaux
16 x 23 cm
208 páginas

ebook

APAIXONE-SE POR VOCÊ

Você já ouviu alguém dizer para outra pessoa: "minha vida é você"?
Enquanto o eixo de sua sustentação psicológica for outra pessoa, a sua vida estará sempre ameaçada, pois o medo da perda vai rondar seus passos a cada minuto.

Wanderley Oliveira
16 x 23 cm
152 páginas

ebook

DESCOMPLIQUE, SEJA LEVE

Um livro de mensagens para apoiar sua caminhada na aquisição de uma vida mais suave e rica de alegrias na convivência.

Wanderley Oliveira
16 x 23 cm
238 páginas

ebook

A VERDADE ALÉM DAS APARÊNCIAS - O UNIVERSO INTERIOR

Liberte-se da ansiedade e da angústia, direcionando o seu espírito para o único tempo que realmente importa: o presente. Nele você pode construir um novo olhar, amplo e consciente, que levará você a enxergar a verdade além das aparências.

Samuel Gomes
14 x 21 cm
272 páginas

ebook

7 CAMINHOS PARA O AUTOAMOR

O tema central dessa obra é o autoamor que, na concepção dos educadores espirituais, tem na autoestima o campo elementar para seu desenvolvimento. O autoamor é algo inato, herança divina, enquanto a autoestima é o serviço laborioso e paciente de resgatar essa força interior, ao longo do caminho de volta à casa do Pai.

Wanderley Oliveira | Pai João de Angola
16 x 23 cm
272 páginas

ebook

FALA, PRETO VELHO

Um roteiro de autoproteção energética através do autoamor. Os textos aqui desenvolvidos permitem construir nossa proteção interior por meio de condutas amorosas e posturas mentais positivas, para criação de um ambiente energético protetor ao redor de nossas vidas.

Wanderley Oliveira | Pai João de Angola
16 x 23 cm
291 páginas

ebook

DEPRESSÃO E AUTOCONHECIMENTO - COMO EXTRAIR PRECIOSAS LIÇÕES DESSA DOR

A proposta de tratamento complementar da depressão aqui abordada tem como foco a educação para lidar com nossa dor, que muito antes de ser mental, é moral.

Wanderley Oliveira
16 x 23 cm
235 páginas

ebook

A REDENÇÃO DE UM EXILADO

A obra traz informações sobre a formação da civilização, nos primórdios da Terra, que contou com a ajuda do exílio de milhões de espíritos mandados para cá para conquistar sua recuperação moral e auxiliar no desenvolvimento das raças e da civilização. É uma narrativa do Apóstolo Lucas, que foi um desses enviados, e que venceu suas dificuldades íntimas para seguir no trabalho orientado pelo Cristo.

Samuel Gomes | Lucas
16 x 23 cm
368 páginas

ebook

CONECTE-SE A VOCÊ - O ENCONTRO DE UMA NOVA MENTALIDADE QUE TRANSFORMARÁ A SUA VIDA

Este livro vai te estimular na busca de quem você é verdadeiramente. Com leitura de fácil assimilação, ele é uma viagem a um país desconhecido que, pouco a pouco, revela características e peculiaridades que o ajudarão a encontrar novos caminhos. Para esta viagem, você deve estar conectado a sua essência. A partir daí, tudo que você fizer o levará ao encontro do propósito que Deus estabeleceu para sua vida espiritual.

Rodrigo Ferretti
16 x 23 cm
256 páginas

ebook

TRILOGIA REGENERAÇÃO

FUTURO ESPIRITUAL DA TERRA

As necessidades, as estruturas perispirituais e neuropsíquicas, o trabalho, o tempo, as características sociais e os próprios recursos de natureza material se tornarão bem mais sutis. O futuro já está em construção e André Luiz, através da psicografia de Samuel Gomes, conta como será o Futuro Espiritual da Terra.

Samuel Gomes | André Luiz
16 x 23 cm
344 páginas

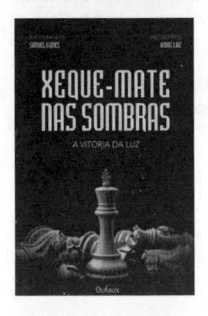

ebook

XEQUE-MATE NAS SOMBRAS - A VITÓRIA DA LUZ

André Luiz traz notícias das atividades que as colônias espirituais, ao redor da Terra, estão realizando para resgatar os espíritos que se encontram perdidos nas trevas e conduzi-los a passar por um filtro de valores, seja para receberem recursos visando a melhorar suas qualidades morais – se tiverem condições de continuar no orbe – seja para encaminhá-los ao degredo planetário.

Samuel Gomes | André Luiz
16 x 23 cm
212 páginas

ebook

A DECISÃO - CRISTOS PLANETÁRIOS DEFINEM O FUTURO ESPIRITUAL DA TERRA

"Os Cristos Planetários do Sistema Solar e de outros sistemas se encontram para decidir sobre o futuro da Terra na sua fase de regeneração. Numa reunião que pode ser considerada, na atualidade, uma das mais importantes para a humanidade terrestre, Jesus faz um pronunciamento direto sobre as diretrizes estabelecidas por Ele para este período."

Samuel Gomes | André Luiz e Chico Xavier
16 x 23 cm
210 páginas

ebook

ESTUDOS DOUTRINÁRIOS

ATITUDE DE AMOR

Opúsculo contendo a palestra "Atitude de Amor" de Bezerra de Menezes, o debate com Eurípedes Barsanulfo sobre o período da maioridade do Espiritismo e as orientações sobre o "movimento atitude de amor". Por uma efetiva renovação pela educação moral.

Wanderley Oliveira | Ermance Dufaux e Cícero Pereira
14 x 21 cm
94 páginas

ebook

SEARA BENDITA

Um convite à reflexão sobre a urgência de novas posturas e conceitos. As mudanças a adotar em favor da construção de um movimento social capaz de cooperar com eficácia na espiritualização da humanidade.

Wanderley Oliveira e Maria José Costa | Diversos Espíritos
14 x 21 cm
284 páginas

Gratuito em nosso site, somente em:

ebook

NOTÍCIAS DE CHICO

"Nesta obra, Chico Xavier afirma com seu otimismo natural que a Terra caminha para uma regeneração de acordo com os projetos de Jesus, a caracterizar-se pela tolerância humana recíproca e que precisamos fazer a nossa parte no concerto projetado pelo Orientador Maior, principalmente porque ainda não assumimos responsabilidades mais expressivas na sustentação das propostas elevadas que dizem respeito ao futuro do nosso planeta."

Samuel Gomes | Chico Xavier
16 x 23 cm
181 páginas

ebook

ROMANCES MEDIÚNICOS

OS DRAGÕES - O DIAMANTE NO LODO NÃO DEIXA DE SER DIAMANTE

Um relato leve e comovente sobre nossos vínculos com os grupos de espíritos que integram as organizações do mal no submundo astral.

Wanderley Oliveira | Maria Modesto Cravo
16 x 23cm
522 páginas

ebook

LÍRIOS DE ESPERANÇA

Ermance Dufaux alerta os espíritas e lidadores do bem de um modo geral, para as responsabilidades urgentes da renovação interior e da prática do amor neste momento de transição evolutiva, através de novos modelos de relação, como orientam os benfeitores espirituais.

Wanderley Oliveira | Ermance Dufaux
16 x 23 cm
508 páginas

ebook

AMOR ALÉM DE TUDO

Regras para seguir e rótulos para sustentar. Até quando viveremos sob o peso dessas ilusões? Nessa obra reveladora, Dr. Inácio Ferreira nos convida a conhecer a verdade acima das aparências. Um novo caminho para aqueles que buscam respeito às diferenças e o AMOR ALÉM DE TUDO.

Wanderley Oliveira | Inácio Ferreira
16 x 23 cm
252 páginas

ebook

ABRAÇO DE PAI JOÃO

Pai João de Angola retorna com conceitos simples e práticos, sobre os problemas gerados pela carência afetiva. Um romance com casos repletos de lutas, desafios e superações. Esperança para que permaneçamos no processo de resgate das potências divinas de nosso espírito.

Wanderley Oliveira | Pai João de Angola
16 x 23 cm
224 páginas

ebook

UM ENCONTRO COM PAI JOÃO

A obra também fala do valor de uma terapia, da necessidade do autoconhecimento, dos tipos de casamentos programados antes do reencarne, dos processos obsessivos de variados graus e do amparo de Deus para nossas vidas por meio dos amigos espirituais e seus trabalhadores encarnados. Narra também em detalhes a dinâmica das atividades socorristas do centro espírita.

Wanderley Oliveira | Pai João de Angola
16 x 23 cm
220 páginas

ebook

O LADO OCULTO DA TRANSIÇÃO PLANETÁRIA

O espírito Maria Modesto Cravo aborda os bastidores da transição planetária com casos conectados ao astral da Terra.

Wanderley Oliveira | Maria Modesto Cravo
16 x 23 cm
288 páginas

ebook

PERDÃO - A CHAVE PARA A LIBERDADE

Neste romance revelador, conhecemos Onofre, um pai que enfrenta a perda de seu único filho com apenas oito anos de idade. Diante do luto e diversas frustrações, um processo desafiador de autoconhecimento o convida a enxergar a vida com um novo olhar. Será essa a chave para a sua libertação?

Adriana Machado | Ezequiel
14 x 21 cm
288 páginas

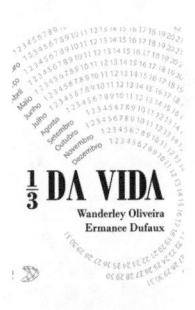

ebook

1/3 DA VIDA - ENQUANTO O CORPO DORME A ALMA DESPERTA

A atividade noturna fora da matéria representa um terço da vida no corpo físico, e é considerada por nós como o período mais rico em espiritualidade, oportunidade e esperança.

Wanderley Oliveira | Ermance Dufaux
16 x 23 cm
279 páginas

ebook

NEM TUDO É CARMA, MAS TUDO É ESCOLHA

Somos todos agentes ativos das experiências que vivenciamos e não há injustiças ou acasos em cada um dos aprendizados.

Adriana Machado | Ezequiel
16 x 23 cm
536 páginas

ebook

ROMANCE JUVENIL

UM JOVEM OBSESSOR - A FORÇA DO AMOR NA REDENÇÃO ESPIRITUAL

Um jovem conta sua história, compartilhando seus problemas após a morte, falando sobre relacionamentos, sexo, drogas e, sobretudo, da força do amor na redenção espiritual.

Adriana Machado | Jefferson
16 x 23 cm
392 páginas

ebook

TRILOGIA ESPÍRITOS DO BEM

GUARDIÕES DO CARMA - A MISSÃO DOS EXUS NA TERRA

Pai João de Angola quebra com o preconceito criado em torno dos exus e mostra que a missão deles na Terra vai além do que conhecemos. Na verdade, eles atuam como guardiões do carma, nos ajudando nos principais aspectos de nossas vidas.

Wanderley Oliveira | Pai João de Angola
16 x 23 cm
288 páginas

ebook

GUARDIÃS DO AMOR - A MISSÃO DAS POMBAGIRAS NA TERRA

"São um exemplo de amor incondicional e de grandeza da alma. São mães dos deserdados e angustiados. São educadoras e desenvolvedoras do sagrado feminino, e nesse aspecto são capazes de ampliar, nos homens e nas mulheres, muitas conquistas que abrem portas para um mundo mais humanizado, [...]".

Wanderley Oliveira | Pai João de Angola
16 x 23 cm
232 páginas

ebook

TRILOGIA CONSCIÊNCIA DESPERTA

SAIA DO CONTROLE - UM DIÁLOGO TERAPÊUTICO E LIBERTADOR ENTRE A MENTE E A CONSCIÊNCIA

Agimos de forma instintiva por não saber observar os pensamentos e emoções que direcionam nossas ações de forma condicionada. Por meio de uma observação atenta e consciente, identificando o domínio da mente em nossas vidas, passamos a viver conscientes das forças internas que nos regem.

Rossano Sobrinho
16 x 23 cm
264 páginas

ebook